억대 연봉 헤드헌터의 정석

헤드헌팅 9단계 비법

억대 연봉
헤드헌터의 정석

헤드헌팅 9단계 비법

신 중 진 지음

피플케어 코리아

프롤로그

왜 헤드헌팅 9단계 비법인가?

어떤 사람은 헤드헌팅 업무 과정이 복잡하다고 하고 어떤 이들은 신비롭다고 말하기도 한다. 그런데 사실, 헤드헌팅 업무 과정은 복잡하지도 신비롭지도 않다. 기업고객의 구인요청내역(Job Request)에 맞는 사람을 찾아주면 성공하는, 단순한 것이다.

헤드헌터는 기업고객들로부터 인재 채용 의뢰를 받아서, 그 자리에 적합한 후보자를 추천하여 입사시키는 인재채용 전문가이다.

국내에 헤드헌터는 많지만 억대 연봉의 성과를 올리는 헤드헌터는 많지 않다. 헤드헌터로 입문할 때는 누구나 억대 연봉의 성공적인 헤드헌터가 되길 원한다. 성공하는 헤드헌터는 경기 변동과 상관없이 지속적으로 성과를 올려 억대 연봉을 받는 반면 성과 저조로 어려움을 겪는 헤드헌터도 있다.

억대 연봉의 헤드헌터가 되고 싶은가?

억대 연봉의, 성공하는 모든 헤드헌터에게는 원칙과 비법이 있다.

그들은 "헤드헌팅 9단계 비법"을 올바로 이해하고 실천한다. 이 9단계 실천을 바탕으로 충성고객사 10개를 확보하고, 매주 고객사 후보자 추천 10명 이상, 매주 고객사 후보자 면접 3명 이상의 헤드헌팅 활동 숫자를 달성한다.

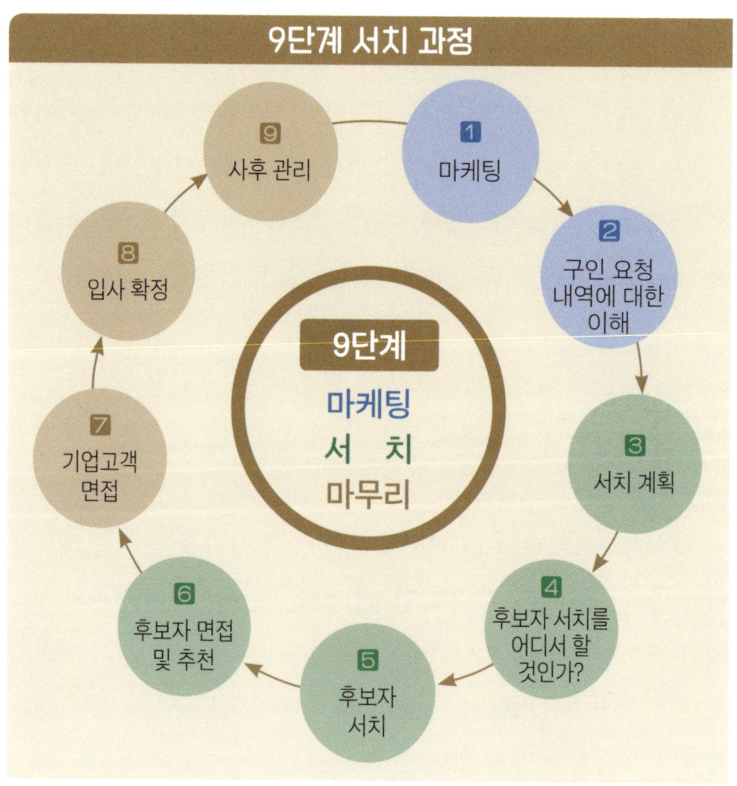

헤드헌팅 9단계 비법에서, 처음엔 어렵지만 익숙해지면 쉬운 단계는 어디일까? 초보자가 가장 많이 실수하는 단계는 어디일까? 경력이 많은 헤드헌터도 실수하기 쉬운 단계는 어디일까? 가장 공을 많이 들여야 하는 단계가 어디일까?

처음엔 어렵지만 익숙해지면 가장 쉬운 단계는 '1단계 마케팅'이다. 1단계 마케팅은 구인요청을 받기 위한 영업활동이므로 헤드헌터 초기에는 어려워한다.

그러나 어느 정도 경력을 쌓은 헤드헌터들은 계속적으로 구인요청을 하는 기업고객을 몇 개씩 가지고 있기 때문에 나중에는 쉬워진다.

헤드헌팅 서비스에 만족하는 기업고객 몇 개를 가지고 있는 경력있는 헤드헌터는, 신규 기업고객을 확보하기 위해 헤드헌터 입문 초기처럼 마케팅 활동에 많은 시간을 투자할 필요가 없다. 경력 헤드헌터들은 일차적으로 기존 충성기업고객에 집중한다.

초보자가 가장 많이 실수하는 단계는 '2단계 구인요청에 대한 이해'이다. 경력이 많은 헤드헌터도 실수하기 쉬운 단계가 역시 '2단계 구인요청에 대한 이해'이다. 미숙한 헤드헌터는 구인요청내역(Job Request)을 부실하게 작성함에 따라, 적합한 후보자를 찾지 못하고 시간을 허비하기 때문이다.

9단계 중 가장 공을 많이 들여야 하는 단계는 '5단계 후보자 서치'이다. 경력이 많은 헤드헌터에게도 여전히 어려운 단계는 '5단계 후보자 서치'이다. 보통 헤드헌터 경력이 쌓이면, 헤드헌터 업무를 수행할 수 있는 몇 군데 '기업고객'은 확보하고 있다. 그러나 그 기업고객이 원하는 적합한 후보자를 찾는 것은 여전히 힘든 일이기 때문이다.

헤드헌터 입장에서는 두 부류의 고객이 있다. 즉 "기업고객"과 "후보자고객"이다. 최고의 헤드헌터는 이 '9단계 법칙'을 충실하게 실행해서 최고의 헤드헌팅 서비스 품질을 만들어낸다. 그럼으로써, 기업고객과 후보자고객 모두가 감동한다. 고객사는 중요한 자리가 채워졌기 때문에 만족하고, 합격한 후보자는 자신의 이력으로 어려운 입사 과정을 통과했기 때문에 기쁘다. 헤드헌터 역시 그 프로젝트의 성공으로 인해 전문가로서의 성취감과 경제적 보상을 받기 때문에 행복하다. 이런 다면적인 행복감 때문에, 다른 사람들을 돕고 문제점을 해결하는 데에서 성취감을 느끼는 사람들이 헤드헌터로 선발되고 억대 연봉의 헤드헌팅 전문가로 성장한다.

헤드헌팅업은 다른 사람들을 돕고 문제점을 해결하는 데에서 성취감을 느낄 수 있는 가치를 가지고 있다.

헤드헌터의 업무는 '다른 사람들의 어려움을 돕고 문제를 해결하는 일'이다. 적합한 인재 채용에 어려움을 겪는 기업고객의 문제를 해결해 주고, 적합한 자리로 이직하길 원하거나 새로운 직장을 찾는 후보자 고객에게는 적합한 일자리를 찾도록 도와준다. 그래서 헤드헌터는 다른 사람들의 어려움을 돕고 문제를 해결하는데 보람을 느끼는 사람들에게 맞는 직업이라고 할 수 있다.

'피플케어 그룹'(PeopleCare Group)의 기업 이념은 '사람에 대한 존경심'이다. '사람에 대한 존경심'은 '세상의 모든 사람은 평등하다'는 신념을 바탕으로 하고 있다. 지난 20년 간 '피플케어 그룹'(PeopleCare Group)은 '사람에 대한 존경심'으로 고객을 주인으로 섬기고자 노력해왔다.

피플케어 그룹은 고객을 중심에 두고 의사결정을 했고 도전해왔다. 그 도전을 통해 시장을 개척하고 성장해왔다.

헤드헌터의 미래는 밝다. 기업들은 언제나 인재가 부족하다. 모든 비즈니스에는 인재가 필요하다. 경제 불황기일수록 더욱 그렇다.

오늘날 모든 글로벌 기업들이 인재 유치를 위해 경쟁하고 있다. 우리는 최고의 인재를 고용하는 회사가 번성하는, 인재경제 시대에서 활동하고 있다. 기업들은 인재를 얼마나 많이 확보하느냐가 경쟁 우위의 관건이 되며, 유능한 전문 인력을 채용하는 것이 가장 큰 과제이다. 이것이 바로 기업들이 인재 영입에 많은 시간을 쏟는 이유이다. 그래서 전문직 채용 수요는 앞으로도 많을 것이며, 헤드헌터의 전망도 밝다.

이 책은 신입 헤드헌터 양성뿐만 아니라 인재 채용을 진행하는 기업의 CEO 및 담당 임직원들에게도 인재 리크루팅과 면접 진행

등에 많은 도움이 될 것이다. 어느 조직이나 채용 업무는 있기 때문이다. 채용을 진행하는 모든 조직에 이 책은 필수적이다. 이직을 원하는 경력자도, 어떻게 이력서를 준비하고 면접을 준비할 것인지 등에 대해 도움이 될 것이며, 취업을 준비하는 고등학교, 대학졸업 예정자들에게도 마찬가지이다.

이 책은 국내 최고의 헤드헌팅 서비스를 제공하는 '피플케어 그룹'(PeopleCare Group)이 신입 헤드헌터 양성 교재로 사용하고 있다. 헤드헌팅 실전에 바로 적용할 수 있게 헤드헌팅 실무 위주의 해설과 필요한 양식, 성공사례를 헤드헌팅의 단계 별로 넣어서 이 책을 구성하였다. 이 책의 헤드헌팅 9단계 과정을 충실하게 실행하는 분들은 예외 없이 억대 연봉의 헤드헌터가 될 것이다.

헤드헌팅 업무는 두 부류의 고객 - 기업고객과 후보자고객 - 을 연결해 주는(Matching) 단순한 업무이면서도, 한편 업무 난이도가 매우 높고 전문성을 요구하기 때문에 헤드헌터 양성을 위한 이론 및 실무 교육이 필요하다.

그러나 아쉽게도 소규모로 운영되는 대부분의 헤드헌팅 회사는 최고의 헤드헌터로 양성하는 교육이 없다. 따라서 신입 혹은 기존 헤드헌터 분들이 이 책을 읽고 헤드헌팅 실무에 적용하여, 억대 연봉의 꿈을 반드시 이루시길 바란다.

피플케어 그룹 CEO 신 중 진

홈페이지 www.peoplecare.co.kr
이 메 일 info@peoplecare.co.kr

차 례

2장
올바른 서치가 최고의 헤드헌터를 만든다

3장
성공적인 마무리로 억대 연봉 헤드헌터가 된다

1장

기업고객부터 이해하라

헤드헌터의 성공은, 기업고객, 후보자고객, 이 두 부류의 고객 모두를 만족시키는 데 달려있다. 마케팅을 통해 이 두 부류의 고객, 즉 기업고객과 후보자고객을 개발하고 거래 관계를 확립하는 일은 매우 중요하다.

마케팅 활동이 필요한 이유는, 헤드헌팅 일은 기업고객으로부터 구인요청(Job Request)을 받아야만 헤드헌팅 일을 시작할 수 있기 때문이다.

이 일은 기업고객인 회사에서 구인 요청을 받아, 그 요청사항에 맞는 사람을 추천해 주는 일이기 때문에 구인 요청이 없으면 일 자체를 시작할 수가 없다. 그래서 적합한 후보자를 찾는 것에 앞서 먼저, 기업으로부터 구인 의뢰를 받아야 한다.

1. 가망고객사 선정

마케팅할 때 유의할 점은 가망기업의 선정이다.

헤드헌터를 처음 시작하는 사람은 자신의 과거 경력과 관련이 있는 업종을 주력 업종으로 선택하여, 그 주력 업종에서 전문성을 가지고 고객사 개발을 하고 헤드헌팅을 진행하는 것이 바람직하다.

경기 변동에 따라 업종별 부침이 있기 때문에 관심 업종을 하나 더 추가하는 것도 좋다. 경기 상황이 좋지 않아서 주력업종의 구인의뢰가 많지 않을 때에는 다른 관심 업종에서 구인의뢰를 받아서 진행할 수 있기 때문이다.

그리고 새롭게 성장하고 있거나 앞으로 성장할 산업에 대해서도 관심을 가지고 조사할 필요가 있다.

마케팅 활동을 시작하기 전에 반드시 채용담당자 연락처가 포함된 구인회사 리스트를 작성해야 한다. 그러고 나서 본격적으로 마케팅 활동을 시작한다.

이메일, 전화 및 방문을 통해 기업과 접촉을 하게 되면 일단 관계가 형성된다.

'피플케어 그룹'(PeopleCare Group)은 기업고객을 구인의뢰 건수, 매출액, 직원수 등을 고려하여 잠재적인 중요도에 따라 1순위(Level 1), 2순위(Level 2), 3순위(Level 3)로 분류한다. 상대적으로 잠재적인 중요도가 높은 가망고객사에 더 많이 접촉하고 더 많은 시간을 할애하며 더욱 집중한다.

영업 성공의 비결은 쉬지 않고 정기적으로 영업 활동을 하는 것이다.

옛날 인디언들이 비가 오지 않을 때는 비가 올 때까지 기도해서 결국 어느 날 비가 오게 하고야 말듯이, 인디언 기도처럼 성공할 때까지 영업 활동을 계속한다. 그리고 마침내 구인 의뢰를 받아 성공한다.

마케팅 활동에서 성공하기 위해서는 열정이 필요하다. 10개의 충성기업고객을 확보하기 전까지는 오늘도 영업, 내일도 영업, 계속해서 영업이라는 마음가짐이 필요하다.

양질의 다수 구인의뢰(Job Request)를 받아서 채용 성공시킬 수 있는 10개의 충성기업고객(Royal Client)을 확보하게 되면, 평생 억대 연봉의 헤드헌터로 살아갈 수 있다.

2. 마케팅 방법

헤드헌터가 기업고객과 거래하기 위해 수행하는 대표적인 마케팅 활동 방법은 세 가지이다. 이메일, 전화, 방문이다.

1) 이메일(E-mail)

가망 기업고객에게 36쪽의 [영업 이메일 사례]와 같이 이메일로 자신을 소개하고 '피플케어 그룹(PeopleCare Group)'이 고객사에서 필요로 하는 인재를 추천할 수 있다는 사실을 알린다.

이메일 마케팅은 보편적으로 활용하는 마케팅 기법으로 지속적이고 반복적으로 접촉할 때 효과가 있다. 이메일 마케팅의 효과는 실제 5% 미만으로 공격적인 마케팅으로 적합하지는 않으나 꾸준히 회사와 자신을 알릴 수 있는 좋은 마케팅 활동이다. 주간, 월간 목표 숫자의 가망 기업고객을 선정하여 이메일 마케팅을 한다.

2) 전화(Tele-Sales)

전화마케팅은 이메일보다 적극적인 마케팅으로, 직접 기업고객의 접촉점을 찾아 설득 및 설명하는 데 매우 효과가 좋은 마케팅이다.

이메일을 발송한 영업대상 기업고객 목록들의 기업들에게 영업전화를 하기 시작한다.

(1) 전화로 방문 약속을 잡는 방법

자신을 먼저 소개하고 방문에 대해 협의하면서, 해당 기업에서 얻을 수 있는 피플케어 헤드헌팅 서비스의 이점(利點)에 대해 설명한다. 방문 날짜와 시간에 대해 약속을 할 때 좋은 방법은 2개를 제안하여 기업이 둘 중 하나를 선택하도록 하는 것이다.

영업 방문을 위한 약속 잡기 사례 하나를 소개한다.

'피플케어 그룹'(PeopleCare Group) 설립 첫 해 어느 날, 신입 컨설턴트에게 헤드헌팅 프로젝트를 지원하기 위해, 나는 이메일을 발송한 영업대상 기업고객 목록들의 기업들에게 영업 전화를 하기 시작했다. 영업 이메일을 보낸 지 이틀 후, 화요일 오전 10시, 음향기기 중견기업 'K기업'에 전화했다.

"안녕하세요? 'K기업'입니다. 무엇을 도와드릴까요?"

"예, 피플케어 신중진입니다. 인사부장님 계시면 좀 바꿔주실 수 있겠습니까?"

"무슨 일이세요?"

"네, 저는 헤드헌터인데, 채용 관련해서 상의드리고 싶은 일이 있습니다."

"예, 잠깐 기다리세요. .... 채용담당자가 회의 중이십니다. 지금은 통화할 수가 없습니다."

"네, 잘 알겠습니다. 오후에 직접 전화 통화를 하고 싶은데, 인사부장님의 성함과 직통 전화번호 좀 알려주시겠습니까?"

"예, 잠깐 기다리세요. … 성함은 P부장님이세요. 직통 전화번호는 02-000-0000입니다."

"감사합니다."

그 날 오후 5시, 'K기업' 안내직원이 알려준 인사부장의 직통 전화번호 02-000-0000으로 다시 전화를 했다.

"안녕하세요? P부장입니다."

"안녕하세요? P부장님, 피플케어 신중진 대표입니다. 저희는 헤드헌팅회사입니다. 재무책임자(CFO)를 채용한다는 광고를 봤습니다. 혹시 아직까지 채용하지 않았으면, 제가 적합한 후보자를 추천할 수 있어서 전화드렸습니다. 편안한 시간에 한 번 찾아뵙고 말씀을 나눌 수 있을까요?"

"예, 아직 채용하지 못했어요. 시간 날 때 오세요."

나는 책상 위 전화기 앞에 놓여 있는, 금주 주간일정계획표 상에 수요일 오전과 목요일 오후에는 고객사 방문이나 후보자 인터뷰 등 특별히 다른 약속 일정이 없는 것을 확인했다.

"네, 혹시 내일 수요일 오전 11시나 모레 목요일 오후 4시 어떠세요?"

"예, 잠깐 기다려보세요. 제 일정을 확인해 보겠습니다. … 목요일 오후 4시가 좋겠네요."

"예, 그러면 모레 목요일 오후 4시에 찾아뵙겠습니다. 감사합니다."

위와 같이 약속 잡기를 한다.

기업고객과의 통화는 일상적인 통화와는 좀 다르다. 채용에 영향력을 발휘할 수 있는 인사부장이나 본부장급 이상의 사람과 즉

각적으로 직접 통화하기가 어렵다. 영향력 있는 사람의 직통 전화번호를 모를 경우, 기업은 안내데스크를 거쳐야 통화가 가능하다. 그렇기 때문에 그런 과정을 귀찮게 생각하지 않고 하나하나 차근차근 거쳐야 할 필요가 있다.

3) 영업 방문(Sales-Visit)

기업고객과 약속시간을 잡아서 방문하는 일은, 대체로 현재 경력자 채용사항이 있거나, 다른 헤드헌팅 회사와 이미 거래하고 있는 기업인 경우가 많다.

거래처 담당자를 만나 직접 상담할 때는, 「회사 소개서」, 「표준계약서」, 「구인요청 내역서」 등의 양식을 미리 준비한다.

(1) 영업 방문 계획

- 영업 방문을 하기 전에 해당 기업의 정보를 충분히 파악하는 것이 매우 중요하다.
- 기업체 영업 방문은, 어떤 기업을 얼마나 자주 방문할 것인지 방문 회수와 시기에 대한 계획을 세워서 실시한다.

(2) 영업 방문의 4단계 모델

이 4단계 영업 모델은 헤드헌터가 기업체 전화나 영업방문을 하는 데 도움이 된다.

① 도입

자기 소개를 한 후 기업에 방문 목적을 알린다. 이것이 도입이다. 여기에서는 이미 알려진 기업의 채용 수요(Needs)에 대해 언급하고, '피플케어 그룹'(PeopleCare Group)이 기업의 이러한 채용 수요(Needs)를 채울 수 있음을 간단히 설명한다.

② 문의

다음 단계는 기업으로부터 유익한 정보를 수집하기 위해 질문한다. 고객이 필요로 하는 사항을 파악하며, 무엇이 문제이고 가장 중요한 사항이 무엇인지를 알아내야 한다.

개방형 질문(Open Question)을 한다. 이것은 "예"나 "아니오"로 대답할 수 없는 질문들을 말한다. 개방형 질문은 대개 "…에 관해 말씀해주십시오."라든지 "…에 대해서는 어떻게 합니까?" 등의 형태를 갖게 된다. 개방형 질문을 하면 기업체 담당자는 헤드헌터의 질문에 좀더 신경을 써서 대답하게 된다.

- 개방형 질문 사례
  - "작년에는 경력직 채용을 어떻게 했습니까?"
  - "데이터 사이언티스트를 채용할 때는 어떤 점을 중요하게 봅니까?"

폐쇄형 질문(Closed Question)은 특별한 상황에서만 사용한다. 이것은 대개 "…합니까?"나 "…할 수 있습니까?" 등으로 질문하며, "예"나 "아니오"로 대답할 수 있는 질문이다.

③ 설득(특징과 이점 설명)

기업의 문제와 필요한 사항에 대해 파악했다면, 이제 '피플케어 그룹'(PeopleCare Group)이 그들의 문제를 어떻게 해결하고 필요한 사항을 어떻게 채워줄 것인지에 대해 설명한다. '피플케어 그룹'(PeopleCare Group)의 특징과 이점(혜택)으로 해당 기업이 당면한 문제를 해결하고, 필요한 사항을 채울 수 있음을 설명한다.

'피플케어 그룹'(PeopleCare Group)의 특징은 다음과 같다.

- 지난 20년간 8,000명 이상의 CEO, 임원, 전문직 채용을 성공시킨 대한민국 최고의 헤드헌팅 서비스 회사
- 각 산업별 전문화된 컨설턴트
- 빠른 시일 내 후보자 추천(Speed)
  신규 고객사는 3~4일 이내 후보자 추천하며, 기존 고객사는 1주일 이내 추천한다.
- 올바른 후보자 추천(Right Person)

특징(Features)을 소개할 때, '피플케어 그룹'(PeopleCare Group)의 헤드

헌팅 서비스를 활용하면 어떤 이점(Benefits)이 있는지에 대해서도 설명한다.

헤드헌팅 서비스 활용의 이점, 혜택으로 다음과 같은 것이 있다.

현대 사회는 시간(Time)이 곧 돈(Money)이다. 헤드헌팅 서비스를 이용하는 것이 시간을 줄이는 것이며 비용 즉 돈을 줄이는 것이다.

예를 들어, 부사장급 임원을 신규 채용하려고 할 때, 미디어 광고나 온라인 공고를 올린다고 채용할 수 있는 것이 아니다.

광고를 해서 수백, 수천 명이 지원해도 고객사에서 원하는, 부사장급 자리에 적합한 후보자를 찾기는 어렵다. 해당 기업에서 원하는 업무 능력을 갖춘 부사장급의 후보자는 보통 다른 직장에서 좋은 대우를 받고 잘 근무하고 있기 때문에, 채용 광고 등은 거들떠보지도 않을 뿐더러 이직할 자리를 찾지도 않는다.

그렇기 때문에 설령 고객사의 인사부장이 채용 광고를 보고 지원한 후보자나 취업사이트 후보자 DB 등에서 수천 명의 이력서를 살펴봐도, 채용할 만한 부사장급 후보자를 찾기는 어렵다.

그리고 회사 내에서 매우 중요하게 처리할 일도 많은 인사부장이, 수많은 이력서를 살펴보고 있는 것은 거의 단순 막노동 수준으로 시간 낭비이며 해당 기업의 엄청난 손실이다.

그래서 핵심 인재 채용 업무를 외부 전문가인 헤드헌터에게 요청하는 것이다. 헤드헌터에게 의뢰하면, 인사부장이 그렇게 수많은 이력서를 뒤적이고 시간 낭비할 필요가 없다. 유능한 헤드헌터로부터 적합한 후보자 2~3명의 이력서를 받아, 그 2~3명만 검토하면 된다.

'핵심 경력자 채용'에 대한 '시간'을 줄인다. 거듭 말하지만, 기업 경영에 있어서 '시간'은 '돈'이다. 헤드헌팅 서비스를 이용하는 것은 고객사의 시간을 줄이는 것이며, 곧 비용을 줄이는 것이다.

헤드헌터는 기업고객의 인사부 채용담당자보다 서치 과정 전반에 대한 전문성을 가지고 부드럽게 진행하며, 경쟁사 후보자들에게도 자유롭게 접촉할 수 있다.

④ 종결

'피플케어 그룹'(PeopleCare Group)이 기업체의 구인요청에 적합한 후보자를 추천할 수 있음을 언급하고, 기업의 요구사항과 영업방문 내용을 정리한다. 이것이 영업방문 종결 단계이다.

- 구인요청사항이 있는지 물어본다.
- '피플케어 그룹'(PeopleCare Group)에서 해당 기업에 적합한 후보자가 있다면 기업에 전화를 해도 좋은지 허락을 얻어낸다.
- 인재 채용이 필요한 부서나 다른 담당자가 있는지 물어보고 소개해 달라고 한다.
- 다른 기업 채용담당자의 소개를 요청한다.

● 정기적인 접촉

구인의뢰를 받기 위해서는 정기적인 접촉을 하는 것이 중요하다.

접촉을 계속하게 되면 구인 의뢰(Job Order)를 받고 헤드헌팅을 진행할 수 있는 기회를 가지게 된다.

기업고객의 인사담당자와 정기적인 접촉을 통해 관계를 발전시켜 갈 수 있다. 그러면 기업에게 더 좋은 헤드헌팅 서비스를 제공할 수 있을 뿐 아니라 영업기회를 확대하는 데 필요한 정보를 얻을 수 있다.

● 소개 요청

영업활동을 통해 해당 기업과 거래를 시작하는 것이 중요하지만, 다른 기업고객을 소개받는 것 역시 중요하다.

기업고객 영업할 때 다른 기업고객 인사부장이나 인사담당자를 지속적으로 소개받으면, 마르지 않는 샘처럼 계속적으로 영업대상 가망기업고객 목록을 확보할 수 있다. 그러면 오늘은 어느 기업을 대상으로 영업을 할까? 영업을 위해 누구를 만날까? 고민하지 않고, 소개받은 기업고객을 대상으로 쉽게 영업접촉을 할 수 있다. 영업 전화 접촉할 때 어느 기업의 누구로부터 소개받았다고 하면, 상대방이 전화를 끊지 않고 들어주며 영업방문 약속도 쉽게 잡을 수 있다.

그래서 영업방문할 때는 방문하는 기업고객과 헤드헌팅계약서를 체결하고 구인요청을 받는 것과 더불어, 다른 기업을 소개해 달라고 요청하는 것이 필요하다.

영업을 잘 하기 위해서는 '소개'에 집중하는 것이 중요하다.

기업고객을 만나면 '그룹 내 계열사 인사부장이나, 혹은 알고 있는 다른 회사의 인사부장을 소개해 달라'고 요청해야 한다.

많은 헤드헌터들이, 다른 기업을 소개 받은 경험이 없는 것은 '소개해 달라'는 말을 해본 적이 없기 때문이다. '소개해 달라'고 말하는 것도 다른 영업 활동처럼 상대방으로부터 거절당할 수 있기 때문에 주저할 수 있다. 그러나 소개받기 위해서는 그냥 '소개해 달라'고 말하면 된다. 간단하다. 상대방이 헤드헌터를 신뢰하는 마음이 있으면, 기꺼이 다른 기업을 소개해 준다.

약 20년 전 '피플케어 그룹'(PeopleCare Group) 설립 초기에 신입 헤드헌터들을 지원하기 위해, 나는 기업고객 개발을 위한 영업 활동에 집중했다. 헤드헌터 일을 처음 시작하는 신입 헤드헌터는 기업고객의 구인의뢰가 있어야 헤드헌팅 일을 시작할 수 있기 때문이다.

각종 상공회의소 기업체 목록과 채용 공고 등을 참고하여, 채용 담당자 연락처가 포함된 구인회사 리스트를 작성했다. 그러고 나서 본격적으로 마케팅 활동을 시작했다.

이메일, 전화 및 영업방문을 통해 기업과 접촉을 하게 되면 일단 관계가 형성된다. 회사 설립 초기에는 기업고객에 대한 영업 활동을 늦추지 않았다.

기업고객의 경력자 채용은 특정 시기를 정하지 않고 연중 채용하는데, 그 시기는 회사별로 다르다. 봄에 씨를 뿌려둬야 가을에 추수하듯이, 기업고객사 영업 방문 활동을 통해 나의 명함이라도 건네 두면, 이것이 초기의 씨 뿌리는 작업을 한 셈이다. 나중에 몇 개월 후에라도 경력자 채용할 때 연락이 온다.

그리고 기업들로부터 구인요청이 이어졌다. 이렇게 거래가 시작된 이후, 뛰어난 헤드헌터들의 후보자 합격 성공이 계속되면서 피플케어의 충성고객들은 늘어나고 평판은 점점 좋아졌다.

3. 컨설턴트의 책임

헤드헌터의 마케팅 활동에 있어서 가장 중요한 것은 현재 거래 중인 기업에서 영업 기회를 개발해가는 것이다. 즉 각각의 기업과 신뢰 관계를 형성하고 기업의 필요를 진심으로 이해해 나가는 것이다.

헤드헌팅 회사 실제 수익 발생의 70% 이상이 기존 기업고객으로부터 발생한다. 그래서 헤드헌터의 후보자 추천 및 입사 성공을 위해서는, 그 기업의 구인의뢰가 계속 이어지는 것이 아주 중요한 일이다.

피플케어의 헤드헌팅 서비스에 만족한 기업고객의 인사담당 임원들은, 이직하더라도 다시 새로운 구인 요청을 하고 다른 회사 인사담당자를 소개해 주는 경우가 많다. 계속 선순환이 이루어지는 것이다.

기업과의 접촉을 통해, 거래할 수 있는 기회를 얻을 수 있다. 이메일이나 전화를 통해 최초로 기업과 접촉을 하게 되면 일단 관계가 형성된다. 컨설턴트는 기업이 무엇을 원하고 있는지를 정확히 파악하고 후보자 추천 합격 후 첫 출근 통화(First Day Call)와 90일 보증기간이 끝나는 날짜에 90일 전화 통화(Ninety Days Call)를 계속해서 접촉을 유지해야 한다. 직접 통화를 해야 관계를 발전시켜 갈 수 있고 기업에게 더 좋은 서비스를 제공할 수 있다. 뿐만 아니라 영업 기회를 확대하는데 필요한 정보를 얻을 수 있다.

4. 계약서 체결

기업에서 피플케어에 구인 의뢰할 의향이 있을 때 계약서를 체결한다.

계약방식은 채용이 확정되었을 때 수수료를 지급받는 성공불 계약(Contingency Search Agreement)과 계약금을 지급받고 프로젝트를 수행하는 선수금 계약(Retainer Search Agreement) 2가지가 있다.

국내 헤드헌팅 시장의 대부분을 차지하는 성공불 계약(Contingency Search Agreement)의 경우, 다음의 두 가지 조건에 의해 헤드헌팅 성공이 결정된다.

'얼마나 빨리, 얼마나 적합한 후보자를 추천할 수 있는가?'이다. 즉 속도(Speed)와 직무에 적합한 후보자(Right Person) 추천이다. 기업고객들은 일반적으로 복수의 헤드헌팅 회사와 계약을 체결하기 때문에, 경쟁 헤드헌터보다 얼마나 빨리, 얼마나 적합한 후보자를 추천하는가에 성공 여부가 달려있다.

신입 컨설턴트의 경우는 기업고객으로부터 구인의뢰를 받는 영업 활동도 어려워하지만, 계약서 체결에서도 어떻게 진행해야 하는지 모르는 미숙한 상태이기 때문에 이 계약서 진행도 처음에는 도와주어야 한다.

구인의뢰 의향이 있는 고객사 담당자에게 피플케어 헤드헌터는 피플케어 표준계약서를 첨부하여 37쪽의 [구인의뢰 후속 이메일 사례]와 같이 이메일을 보내고, 당일 퇴근 전 고객사 담당자와 전화 통화를 한다. 이때는 표준계약서 내용 중 주로 서비스 수수료율과 추천인 보증조건에 대해 협의한다.

특히 연봉 수준에 따라 책정되는 15~30%의 서비스 수수료율에 대해 고객사와 협의하는 경우가 많다. 헤드헌팅서비스 수수료는 고객사에 따라서 달라질 수 있다.

수수료율은 시장상황에 따라 변하기 때문에 전반적으로 유동성을 가지고 있다. 경쟁사의 영향으로 비현실적으로 수수료가 조정될 수도 있으므로 일반적인 수수료율과 경쟁사의 수수료율을 파악해 두어야 한다.

거래 가능성이 있는 기업이나 현재 거래 중인 기업에서 특정한 방법으로 수수료 조정을 요구하는 경우가 있다. 이런 경우, 계약이 매우 어려워질 수도 있다. 제시한 수수료율이 너무 높으면, 기업고객은 더 좋은 수수료율을 제시하는 다른 경쟁사를 찾아갈 수도 있다. 반면에 수수료율이 너무 낮으면, 여러분의 노력에 대한 보상이 적어서 해당 업체에 집중해서 우수한 서비스를 제공할 수 없을 뿐만 아니라 타 업체와의 계약에도 부정적인 영향을 미칠 수 있다.

헤드헌팅 비즈니스 시장은 매우 경쟁이 치열하다. 때때로 지나친 경쟁으로 인해 수수료(Service Fee)를 조정하는 경우가 있다. 그러나 장기적으로 이 헤드헌팅 업계에서 성공하기 위해서는 수수료(Service Fee) 조정은 주의 깊게 이루어져야 한다.

우리는 기업고객에게 '피플케어 그룹'(PeopleCare Group)과 거래함으로써 갖게 되는 좋은 이점을 제시할 수 있는 협상 기술을 익혀야 한다.

영업 이메일 사례

(고객회사 이름)께,

'피플케어 그룹'(PeopleCare Group)은 귀사에서 원하는 기술과 경력, 인성을 가진 능력 있는 후보자를 추천함으로써, 고객사에서 인재를 채용하는데 드는 시간이나 경비를 절감하실 수 있습니다.

고객사가 원하는 인재를 채용하는데 도움이 될 수 있는 저희 '피플케어 그룹'(PeopleCare Group)의 헤드헌팅 서비스에 대해 소개하고 얘기를 나눌 수 있는 기회를 주시면 고맙겠습니다.

(고객회사 이름)의 의견을 듣기 위해 조만간 연락 드리겠습니다.

감사합니다.

작성자 직책

이름

구인의뢰 후속 이메일 사례

안녕하십니까, ○○○님

㈜피플케어코리아 소속 헤드헌터 ○○○입니다.

금일 피플케어 대표님으로부터 인재추천 담당을 위임받게 되어 인사드립니다.

먼저 보내주신 의뢰사항을 참고하여 인재 서치를 시작하겠습니다.

저희 표준계약서와 구인요청내역서를 첨부하여 보내드리오니 확인 후 회신주시면 적합한 후보자를 가능한 빨리 추천해 드리도록 하겠습니다.

수수료/지급일 등 문의사항이나 의견 주실 부분이 있으실지 전화 연락 한 번 드리겠습니다.

감사합니다.

○○○ 드림

첨부 : 1. ㈜피플케어코리아 표준 계약서
2. 구인요청내역서

업무 양식 ① 표준계약서

PeopleCare Group	주식회사 피플케어 코리아
"사람에 대한 존경심"	서울시 강남구 영동대로 511 트레이드타워 27층, 33층 (삼성동, 무역센터) TEL : 02-552-2367 FAX : 02-552-1984 EMAIL : Info@peoplecare.co.kr

표준 계약서

채용의뢰회사인 ______________________에 위치한 ______(이하 "갑") 와(과) 인력알선전문회사인 ㈜피플케어 코리아(이하 "을")는 채용의뢰와 채용업무 대행서비스를 위해 다음과 같이 계약을 체결한다.

제 1 조 목적

본 계약의 목적은 "갑"이 필요로 하는 인력의 채용을 "을"에게 구인의뢰하고, "을"이 추천한 후보자를 "갑"이 채용하는 과정에서 발생하는 상호간의 권리 및 의무를 명확히 하는데 있다.

제 2 조 정보 제공 및 의무 사항

1) "갑"은 "을"이 후보자를 추천하는데 있어 필요한 직무기술서, 예상 연봉, 회사에 대한 일반적인 정보 등을 서면으로 제공한다.
2) "갑"은 "을"이 추천한 자의 채용이 확정되는 즉시 이를 "을"에게 통지한다.
3) "갑"은 "을"이 추천한 자를 1년 이내에 채용할 경우 본 계약서 제3조에 명기된 수수료를 "을"에게 지급한다. "갑"이 "을"과의 사전동의 없이

"을"이 추천한 자를 직접 채용하거나, "을"이 추천한 자가 "갑"에게 직접 연락을 취해 채용되는 경우에도 "갑"은 "을"에게 동 수수료를 지급하며, 이 기간은 추천된 시점으로부터 1년 동안으로 한다.

4) "을"은 "갑"과의 원만한 계약 이행을 위해 최선의 노력을 다한다.

제 3 조 수수료 지급

1) "갑"은 채용확정자의 입사일(실제 근무시작일)을 기준으로 7일 이내에 제3항에 명기된 수수료를 "을"에게 지불한다.

   - 지정계좌 : 00은행 0000-000-000000 (예금주 : ㈜피플케어코리아)

2) 수수료는 채용확정자의 첫해 연봉을 기준으로 한다. 여기서 연봉이라 함은 채용확정자가 첫해에 받기로 한 급여의 총액으로 제수당, 복리후생비, 상여금 등 채용에 따르는 모든 금전적 보상을 포함한 금액을 말한다.

3) 수수료 책정 기준은 다음과 같다. (VAT 별도)

채용확정자의 연봉이 8천만 원 미만 시	: *연봉의 20%
채용확정자의 연봉이 8천만 원 이상 1억 2천만 원 미만 시	: *연봉의 25%
채용확정자의 연봉이 1억 2천만 원 이상 시	: *연봉의 30%

4) 수수료는 현금으로 지급하며 부가세는 별도로 한다.

5) 계약서에 명기된 기한 내에 수수료가 지급되지 않을 경우 "갑"은 지급이 지연된 기간에 해당하는 지연배상금을 "을"에게 지급한다. 지연배상금은 미지급금액에 대해 시중은행 보통예금 금리를 적용한 금액으로 한다. 단, 1개월 내에 "갑"이 "을"의 사전 동의를 얻어 지급일을 연기한 경우에는 예외로 한다.

제 4 조 추천인 보증

1) "을"의 추천에 의해 채용된 자가 실제 근무개시일로부터 90일 이내에 자의로 퇴사할 경우 "을"은 가급적 빠른 시일 내에 대체인원을 별도의 추가비용 없이 "갑"에게 재추천한다.

2) 대체 인원을 30일 이내에 채용하지 못했을 경우, '을'이 요구하면 수수료를 일할 계산{수수료*(90-근무일수)/90}하여 환불한다.

3) 채용확정 이후 "을"이 추천한 자와 "갑" 사이에 발생하는 모든 법적 문제에 있어 "을"은 "을"의 귀책 사유가 아닌 부분에 대해서는 책임을 지지 않는다.

제 5 조 기밀 유지

1) "갑"과 "을" 쌍방은 본 계약의 수행과정에서 취득한 상대방의 정보 또는 자료를 상호간의 사전동의 없이 제3자에게 누설해서는 안 된다. 단, 법령 등에서 정하는 바에 따라 관계기관에 제출하는 경우는 제외로 한다.

2) "갑"은 "을"이 추천한 후보자와 관련된 일체의 정보에 대하여 비밀을 유지한다.

3) "갑"은 "을"의 사전 동의 없이 "을"이 추천한 후보자와 직접 연락을 취하거나 만나서는 안 된다.

제 6 조 효력 발생과 계약 기간

"갑"과 "을"은 본 계약서에 규정된 내용을 상호 신의 성실의 원칙에 따라 준수한다. 본 계약은 "갑"과 "을"이 본 계약서에 기명 날인(또는 서명)하는 즉시 발효되어 12개월간 유효하며, 상호간의 어느 일방이 계약 만료일 15일 전까지 서면통지로 계약해지 의사를 표시하지 않는 한 자동 연장된 것으로 한다. 기명 날인 후 FAX로 주고 받을 경우에도 계약의 효력은 동일하다.

제 7 조 합의 관할

본 계약의 해석에 따른 이견이나 본 계약서에서 정하지 않은 사항 등으로 분쟁이 생겼을 시 민법, 상법 및 상관습에 따라 해석 적용하며, 이에 따른 원만한 해결이 이루어지지 않아 소송이 진행될 경우 "갑" 또는 "을"의 본사 관할 법원에서 하기로 한다.

본 계약을 증명하기 위해 계약서 2부를 작성하여 "갑"과 "을"이 각각 기명 날인(또는 서명)한 후 1부씩 보관한다.

20　　년　　월　　일

"갑" :
대표이사 : (인)
주소 :
사업자등록번호 :

"을" : 주식회사 피플케어코리아
대표이사 : ○ ○ ○ (인)
주소 : 서울특별시 강남구 영동대로 511
트레이드타워 27층, 33층 (삼성동, 무역센터)
사업자등록번호 : 000-00-00000

헤드헌팅 성공사례 ①

어느 날 오후 3시 경, 외부에서 고객 미팅 후 회사로 돌아왔다. 비서 P 씨가 나에게 전화번호 메모 하나를 건네며 말했다.

"대표님, I 대사관으로부터 대표님께 전화가 왔었습니다. 부재 중이라고 이야기했더니, 들어오시면 전화 부탁한다고 했습니다."

"네, 알았어요."

내 자리로 와서, 메모지의 전화번호로 전화를 했다.

"안녕하세요? I 대사관입니다. 무엇을 도와 드릴까요?"

"안녕하세요. 피플케어의 신중진 대표입니다. H 씨 좀 바꿔주시겠어요."

"예, 제가 H입니다."

"네, 오전에 저에게 전화하셨다고 들었습니다."

"예, 신 대표님이시군요. 제가 오전에 전화 드렸습니다. 저희 대사관에서 마케팅 부문 헤드헌팅 의뢰할 건이 있어서 헤드헌팅 업체 선정을 검토하고 있어요. 관련 자료를 보내주시겠어요?"

"예, 피플케어 회사소개서와 헤드헌팅 계약서를 이메일로 보내드리겠습니다."

"대표님 이메일 주소 알려주시겠습니까?"

"예, 제 이메일 주소는 francis@peoplecare.co.kr 입니다. 제 이메일로 헤드헌팅 의뢰 건을 보내주시길 바랍니다."

"예, 그렇게 하겠습니다."

"그리고 이번 이메일 보낼 때, 저희 피플케어에서, 앞으로 I 대사관을 담당할 헤드헌터를 정해서, 그분이 실무적으로 후속 진행하도록 하겠습니다."

"예, 알겠습니다."

전화를 끊고, 나는 피플케어 헤드헌터 P 상무를 불러 회의실에서 만났다.

"P 상무님, I 대사관에서 마케팅부문 헤드헌팅 의뢰를 검토하고 있어요. 아직 구인요청을 받은 것은 아니고, 회사소개서와 계약서를 보내기로 했어요. 이 프로젝트를 P 상무님이 진행해 보시겠어요?"

왜 P 헤드헌터에게 맡겼냐 하면, P 헤드헌터는 영어가 능통하고, 빠르고 끈기 있게 이 프로젝트를 수행할 수 있다고 판단했기 때문이다.

"예, I 대사관요? 재미있을 것 같은데요. 제가 진행해 보겠습니다."

나는 P 상무에게 I 대사관 H 씨의 이메일 주소와 전화번호 메모를 건네주며 말했다.

"네, 그러면 여기 H 씨 메일로 회사소개서와 헤드헌팅 계약서를 보내면서, I 대사관 담당할 헤드헌터라고 알려주세요. 회사소개서와 헤드헌팅 계약서는 국문, 영문 두 가지를 모두 보내주세요. 그리고 I 국가 대사관 발신 수신 이메일은 앞으로 저에게 공유해서, 진행사항 모두를 제가 알 수 있도록 해 주세요."

"예, 대표님, 그렇게 하겠습니다."

헤드헌터 P 상무는 회의실 미팅을 마치고 나와, 오후 4시 경 I 대사관 H 씨 이메일로 회사소개서와 헤드헌팅 계약서를 보냈다.

다음날 오전 10시, P 상무는 I 대사관 H 씨에게 전화했다. H 씨는 피플케어 회사소개서와 헤드헌팅 계약서를 잘 받았다고 했으며, 검토 후 다시 연락하겠다고 했다.

약 한 달 후, 목요일 오전 10시 30분경 I 대사관 H 씨로부터 다시 연락이 왔다.

"헤드헌팅 회사에 구인 의뢰하려는 것은 'I 관광청 한국사무소 책임자' 자리입니다. 그리고 다음 주에, I 관광청 차관님이 한국을 방문하세요. 차관님이 다음 주 화요일 오후 2시, 소공동 OO호텔 36층에서 피플케어 사장님을 만나길 원하세요. 가능하시겠어요?"

"예, 가능합니다."

"예, 그러면 오실 때, 회사소개 자료를 준비해 주시면 좋겠습니다."

"예, 그렇게 하겠습니다."

다음날 금요일 오전 9시 40분경, 대사관 H 씨로부터 이메일이 왔다.

다음 주 화요일 오후 2시 소공동 OO호텔 36층 미팅 약속에 대한 확인 내용과 함께, 다음 주 방문 예정인 I 관광청 차관의 약력을 보내왔다. 가족사항을 포함하여 경력 사항을 상세히 작성한 것이었다.

그리고 H 씨는 차관님 미팅 전에 나의 약력도 보내달라고 요청했다.

이메일 확인 후, 나의 약력을 비교적 상세히 작성해서 오후 1시 30분경 H씨에게 보냈다.

I 관광청 차관을 만나기로 약속한, 화요일 오후 2시 소공동 OO 호텔 36층에 담당 헤드헌터 P 상무와 함께 도착했다.

약 5분 기다린 후, I 대사관 직원의 안내로 회의실에서 I 관광청 차관을 만났다. 나를 만나기 직전에 다른 미팅이 있었던 것 같다. 차관과 차관 비서, I 국가 대사, 대사관 직원 2명, 관광청 한국사무소 직원 1명 등이 합석했다.

I 관광청 차관이 피플케어 회사소개를 해 달라고 요청해서, 준비한 회사소개서를 나눠주고 회사소개 프레젠테이션을 했다.

이어서 채용하려고 하는 'I 관광청 한국사무소 책임자' 구인요청 내역에 대해 협의했다.

구인요청사항은, I 관광청과 업무 진행을 하기 때문에 기본적으로 영어가 능통해야 한다는 것이다. 그리고 가장 중요하게 요구하는 것은 마케팅 능력이었다.

왜냐하면, I 관광청 차관이 원하는 것은 '한국사무소 책임자의 활발한 마케팅 활동을 통해서, I 국가를 여행하는 한국여행객 수가 더욱 증가하는 것'이기 때문이었다.

I 관광청 차관과의 미팅을 마치고, P 상무와 함께 회사로 돌아왔다.

다음달 I 국가 현지 담당자 Mr. F로부터 헤드헌팅 계약서를 체결

하자는 이메일을 받았다.

계약 체결 후, 마케팅 능력이 있는 후보자 위주로 서치(Search: 후보자 찾는 일)했다.

피플케어 P 상무가 'I 관광청의 한국사무소 책임자(Director)' 후보자 3명을 최종 추천했다.

I 관광청 담당자인 Mr. F로부터 연락이 왔다.

"안녕하세요? I 관광청의 Mr. F입니다."

"안녕하세요? 피플케어 P 상무입니다."

"P 상무님, 보내주신 이력서 잘 받았습니다. 추천해 준 분들의 3분짜리 자기소개 동영상을 받고 싶어요. 그분들에게 요청해 주시겠어요?"

"3분짜리 자기소개 동영상을 원하시는 겁니까?"

"예, 3분짜리 자기소개 동영상을 보내주세요. 동영상 보안은 잘 지켜질 겁니다."

"예, 알겠습니다. 후보자들에게 연락해서 보내드리겠습니다."

"네, 기다리겠습니다."

I 관광청 담당자 Mr. F와의 전화통화를 마치고, P 상무는 후보자들에게 연락했다.

후보자들은 처음에 반발을 했다.

'자기소개 동영상을 제출하라는 요청은 처음 받아본다.'

'자기소개 동영상까지 만들어서 굳이 지원해야 하는지 의문이다.' 등등…

I 관광청 입장에서 '한국사무소 책임자' 자리를 매우 중요하게 생각하기 때문에, 자기소개 동영상까지 제출하도록 요청하는 것이라고 설득했다.

결국 후보자들 모두 3분짜리 자기소개 동영상을 제출했다.

I 관광청 담당자 Mr. F로부터 다시 연락이 왔다.

"안녕하세요? Mr. F."

"안녕하세요? P 상무님, 3분 자기소개 동영상 잘 받았어요. 수고했습니다. 추가 요청사항이 있습니다. 제가 아시아 지역 국가들의 I 국가 관광객 연도별 통계 분석 자료를 보내드릴 겁니다. 그 자료를 바탕으로 후보자들이 '한국의 I 국가 관광객 증가를 위한 마케팅 계획'의 문건을 작성해서 보내주세요. 그 마케팅 계획서를 받고, 면접 진행에 대해 알려드리겠습니다."

"예, 알겠습니다."

당일 오후, I 관광청 담당자 Mr. F로부터 '아시아 지역 국가들의 I 국가 관광객 연도별 통계 분석 자료'가 피플케어 P 상무의 이메일로 도착했다.

피플케어 P 상무는 그 자료를 후보자들에게 전달하고, 그 자료를 바탕으로 후보자들이 '한국의 I 국가 관광객 증가를 위한 마케팅 계획'을 파워포인트(Power Point)로 작성해서 보내줄 것을 다시 요청했다.

후보자들 모두 마케팅 계획을 파워 포인트(Power Point) 프레젠테이션 자료로 만들어서 제출했다.

일주일 후, I 관광청 담당자 Mr. F로부터 다시 연락이 왔다.

"P 상무님, 3명의 후보자들과 각각 면접 일정을 조율해 주세요. 컴퓨터 화면을 통해, 스카이프(Skype : 인터넷 화상 전화통화 프로그램) 영상 통화로 면접을 하겠습니다."

"예, 알겠습니다. I 국가 현지 시간을 고려해, 후보자들과 면접 일정을 잡아서 알려드리겠습니다."

다음날, I 관광청 담당자와 3명 후보자들의 면접 일정이 확정되었다. 면접은 이미 제출한 파워 포인트 자료 '마케팅 계획'을 I 국가 현지 면접관들이 보면서, 컴퓨터를 이용한 스카이프(Skype) 영상 통화로 진행되었다.

첫 번째 A 후보자는, 영어능력, 마케팅 능력 그리고 관광업 종사 경력 및 업적을 잘 표현하였다.

두 번째 B 후보자는, 영어, 마케팅 능력, 경력 및 업적 등 모든 면에서 면접이 대단히 잘 진행되었으나, 면접이 끝날 무렵에 B 후보자가 "치아보험 비용을 납부해 주는가?" 같은, 복리후생 처우 문제에 대해 질문을 했다. 후보자가 치아보험까지 언급하는 것에 대해, 면접관 세 명 중 한 명이 화가 났다.

세 번째 C 후보자는, 컴퓨터 스카이프(Skype) 화상 통화가 중도에 끊기는 등 스카이프 화상통화가 좋지 않은 상태에서 면접이 진행되었다.

세 명의 후보자 중 면접 합격자는 영어가 능통하고, 관광업에서 뛰어난 마케팅 능력을 가진 첫 번째 면접자 A 후보자가 선정되었다.

A 후보자는 평판 조회를 거쳐 최종 합격하여, 'I 관광청의 한국사무소 책임자(Director)'로 입사했다!!!

위의 'I 관광청의 한국사무소 책임자(Director)'로 합격하여 입사한, 첫 번째 면접자 A 후보자는 면접을 하기 전에 사전 준비를 정말 철저하고도 꼼꼼하게 했다.

I 국가 관광에 대한 많은 정보를 수집하고 분석했다. I 국가 관광의 상황과 향후 비전에 대하여도 숙지했다. 그리고 I 국가 관광의 현황 및 방향을 자신의 전공, 경력 및 업적과 연결해서, 2분짜리 자기소개 동영상과 마케팅 계획서를 잘 만들어 제출했다.

면접을 앞두고서도, 예상 질문에 대해 연기자처럼 최상의 모습을 보여주기 위해 사전 준비를 철저히 했다. 스카이프 화상의 화질, 음성 상태 등을 꼼꼼하게 점검하는 등 철저하고도 치밀한 사전 준비를 바탕으로, 실제 면접에서 전문성과 성실성, 성과를 만들어낼 수 있는 실력을 갖춘 사람임을 잘 부각시켰다. 그리고 최종적으로 합격 입사했다.

반면에 전반적인 능력과 업적이 뛰어났던 두 번째 면접자 B 후보자는 면접을 앞두고 사전 준비에 소홀했다. 느슨한 마음가짐으로 면접에 임했고, 치아보험 비용 지원까지 언급하는 후보자의 면접 태도가 면접관을 화나게 해서 탈락했다. '향후 이 후보자가 일이백만원 정도의 돈 때문에 직장을 쉽게 옮길 수 있는 사람이 아닐까?'라는 의구심을 갖게 했다.

후보자는 입사에 대한 강한 의지가 있어야 하며, 모든 면접에 있어서 사전 준비를 철저하게 해야 한다.

헤드헌터는 후보자를 찾기에 앞서, 고객사가 어떤 업무 역량과 자격요건을 갖춘 후보자를 채용하고자 하는지를 명확하게 파악해야 한다. 이것이 마케팅 활동을 통해 고객사에서 구인 요청을 받은 후, 본격적인 서치를 진행하는 과정에서 맨 먼저 해야 할 첫 번째 단계이다.

후속 서치 진행을 하기에 앞서, 헤드헌터가 고객사와 논의하는 초기 단계에 작성하는 가장 중요한 문서가 구인요청내역서(Job Request Form)이다.

이 단계에서 구인요청내역서를 얼마나 충실하게 작성하는가에 따라, 후속 서치 과정의 성패가 좌우된다. 그만큼 중요한 과정이다.

구인요청내역서를 부실하게 작성한 헤드헌터는 적합한 후보자를 찾지 못하고 시간을 허비하게 된다. 그러므로 억대 연봉의 헤드헌터들은 이 초기 단계에서 고객사와 충분히 논의하여 고객사가 원하는 구인 요건을 명확하게 파악한다.

구인요건을 자세하고 정확히 이해하기 위해서는 고객사에 많은 질문을 해야 한다.

후보자 인재를 찾는 첫 번째 단계에서, 고객사의 상황과 사업을 파악하고 채용 기준을 확정하는 것이 무엇보다 중요하다. 그렇게 하기 위해 기업고객에게 여러 가지 질문을 할 수 있는데, 아래와 같은 형태의 질문을 하면 후속 진행에 도움이 된다.

- 경쟁회사에서 일하는 사람들 중에서 가장 뛰어난 인재는 누구입니까?
- 그 사람은 무슨 성과를 거뒀습니까?
- 그 사람이 탁월한 성과를 거둔 것은 무엇 때문이라고 생각하는지요?
- 그 사람은 어떤 자질을 가지고 있습니까?

이러한 질문에 대해, 기업고객으로부터 답변을 들을 수 있다면, 그 인재를 후보자 대상명단에 추가할 수 있을 것이다. 그리고 기업고객이 어떤 자질을 갖춘 후보자를 찾는지도 알 수가 있다. 이런 질문을 기업고객에게 하는 것이 쉽지 않을 것이라고 생각하는 신입 헤드헌터도 간혹 있다. 그러나 의외로 간단하다. 그냥 질문하면 된다. 물론 헤드헌터와 기업고객의 담당자가 커뮤니케이션이 잘 될 때 질문도 하기 쉽고, 답변도 잘 해준다.

그런데 헤드헌팅 업무는 기본적으로 고객사의 구인수요(needs)를 파악해서, 적합한 후보자를 추천함으로써 그 구인수요(needs)를 충족시켜 주는 것이다. 그래서 가망기업고객 영업할 때처럼 그냥 물어보면 된다.

인터넷 사이트를 통해, 해당 기업이 속해 있는 산업의 동향, 기업 개요 및 제품 등에 대해 미리 알아보는 것이 필요하다. 금융감독원 전자공시시스템(www.dart.fss.or.kr), 각 산업별 협회 사이트, 잡플래닛(www.jobplanet.co.kr), 주식투자사이트(www.paxnet.co.kr), 미국증권거래위원회(www.sec.gov), 상공회의소 등 인터넷 사이트에서 관련 업계 현황이나 회사에 대해 다양한 정보를 얻을 수 있다.

구인요청내역서는 간결하고 명확하게 작성해야 한다.

먼저 후보자들에게, 지원회사에 대해 설명해 줄 수 있는 정확한 조직 정보가 있어야 한다.

대기업이나 외국계 유명 기업의 경우는 공개된 자료가 많이 있으므로 파악이 쉽다. 그러나 중소기업이나 벤처기업의 경우는 공개된 자료가 적어서 채용 담당자나 임원들과의 상담을 통해서 현재의 조직 규모, 재무상태, 비전 등의 정보를 상세하게 받아야 한다.

상장된 대기업 등은 회사 이름을 금융감독원 사이트, 사람인 사이트 등에서 '검색어'로 넣어서 검색하면, 그 업체의 조직 및 재무상태를 상세히 확인할 수 있다.

그리고 구인요청하는 기업은 적합한 사람을 조속히 채용해야 하기 때문에, 헤드헌터가 문의하는 내용들에 대해 알려준다. 헤드헌터 입장에서는 구인회사에 대한 정확한 조직 정보가 있어야만 후보자에게 지원할 회사 정보를 줄 수 있고, 후보자 역시 그 정보를 통해 지원 여부를 결정할 수 있기 때문이다.

특히 벤처기업의 경우는 대기업에 비해 직업의 안정성이 낮으므로 재무 상태나 평판, 발전 가능성을 필히 챙겨야 한다.

소규모 벤처기업은 재무상태, 평판, 발전가능성을 판단하는데 어려움이 있다. 구인의뢰 받을 때 상세하게 문의한다. 특히 직원 수 20명 이내 혹은 설립 3년 이내 회사는 구인요청을 받아 헤드헌팅 진행을 할 경우는, 매우 신중하게 헤드헌팅 진행 여부를 판단한다. 안정성이 낮은 기업의 경우, 후보자들에게 자신 있게 입사를 권유할 수 없기 때문이다.

그 해당 벤처기업에서 과거에 근무한 적이 있는 후보자들에게 전화해서 그 벤처기업의 상황에 대해 파악하기도 한다.

고객사의 특성, 최종결정권자의 성향 및 동종업체도 챙긴다.

헤드헌터 입장에서는 기업고객 뿐만 아니라 후보자 한 분 한 분이 모두 중요하다. 그렇기 때문에 경력 개발의 가능성, 직업의 안정성, 성장 가능성, 연봉 수준, 회사의 위치 등을 검토하여 후보자고객에게 가장 적합한 회사를 추천해야 한다. 면접, 평판 조회 등을 통해 후보자고객을 평가하듯이, 기업고객 역시 평가해야 한다.

헤드헌터 본인 스스로가 고객회사에 대한 믿음과 신뢰가 있어야만 소중한 후보자를 추천할 수 있기 때문이다.

직무(Job Description)는 자세하고 정확하게 작성해야 한다.

자격 요건, 학력, 성별, 연봉, 근무 조건 등은 후보자가 지원 여부를 결정할 때, 우선적으로 고려하는 부분이므로 상세하게 작성해야 한다. 이것은 보다 신속하고 정확하게 추천할 수 있는 중요한 요건이기도 하다.

특히 어떤 업무를 수행할 수 있는 사람을 찾아달라고 요청하는 구인회사의 구인요청내역은 시험 문제의 정답과 같은 것이다. 구인요청내역 중 특히 중요한 사항이 직무(Job Description)이다.

기업고객이 알려주는 직무, 즉 문제이자 정답인 이 직무에 맞는 사람을 찾아주면 성공한다. 그러나 기업고객이 원하는 정답과 다른 사람을 추천하면 기업고객의 채용 과정에서 탈락한다.

업무 양식 ② 구인요청내역서(Job Request Form)

조직 정보

- 그 채용 자리(Job)가 열려있는 이유
- 기업 문화
- 기업 규모
- 사업의 성장 가능성
- 산업 동향 및 관련 산업
- 경쟁사
- 선호하는 회사
- 재무제표
- 근무 위치
- 임직원 수 및 관련 부서원의 수
- 상사 및 동료들과의 관계
- 보고 체계
- 상위 및 하위 관계를 보여주는 조직도

직무(Job Description) 및 근무여건

- 업무, 특별한 책임 , 직책, 연령 범위
- 학력 요구 사항
- 업무 경험 수준
- 관련 기술
- 연봉, 보상 범위, 금전적 보상의 전제조건 및 기타 혜택
- 복리후생(차량 및 차량 지원금, 4대 보험 지원 수준, 식비, 지방거주 경우 숙식 제공여부, 교육비, 휴가, 기타)

헤드헌팅 성공사례 ②

피플케어 설립 첫 해 어느 날, J 이사는 이메일을 발송한 영업 대상 기업고객 목록들의 기업들에게 영업 전화를 하기 시작했다. 박 이사는 영업 이메일을 보낸 지 5일 후, 화요일 오전 10시에 음향기기 중견기업 'K기업'에 전화했다.

"안녕하세요? 'K기업' 입니다. 무엇을 도와드릴까요?"

"예, 피플케어 J 이사입니다. 인사부장님 계시면 좀 바꿔주실 수 있겠습니까?"

"무슨 일이세요?"

"네, 저는 헤드헌터인데, 채용 관련해서 상의 드리고 싶은 일이 있습니다."

"예, 잠깐 기다리세요. … 채용담당자가 회의 중이십니다. 지금은 통화할 수가 없습니다."

"네, 잘 알겠습니다. 오후에 직접 전화 통화를 하고 싶은데, 인사부장님의 성함과 직통 전화번호 좀 알려주시겠습니까?"

"예, 잠깐 기다리세요. … 성함은 S 부장님이세요. 직통 전화번호는 02-000-0000입니다."

"감사합니다."

그 날 오후 5시, 'K기업' 안내직원이 알려준 인사부장의 직통 전화번호 02-000-0000으로 다시 전화를 했다.

"안녕하세요? S입니다."

"안녕하세요? S 부장님, 피플케어 J 이사입니다. 저희는 헤드헌팅회사입니다. 재무책임자(CFO)를 채용한다는 광고를 봤습니다. 혹시 아직까지 채용하지 않았으면, 제가 적합한 후보자를 추천할 수 있어서 전화 드렸습니다. 편안한 시간에 한 번 찾아뵙고 말씀을 나눌 수 있을까요?"

"예, 아직 채용하지 못했어요. 시간 날 때 오세요."

J 이사는 책상 위 전화기 앞에 놓여 있는, 금주 주간 일정계획표 상에 수요일 오전과 목요일 오후에는 고객사 방문이나 후보자 인터뷰 등 특별히 다른 약속 일정이 없는 것을 확인했다.

"네, 혹시 내일 수요일 오전 11시나 모레 목요일 오후 4시 어떠세요?"

"예, 잠깐 기다려보세요. 제 일정을 확인해 보겠습니다. … 목요일 오후 4시가 좋겠네요."

"예, 그러면 모레 목요일 오후 4시에 찾아뵙겠습니다. 감사합니다."

이틀 후 목요일 오후 3시 45분경, 'K기업' 빌딩에 도착해서 출입문을 열고 들어갔다. 정면에 'K기업' 회사로고가 선명하게 보이고, 안내데스크의 직원이 앉아있다. 안내데스크 직원이 말했다.

"안녕하세요. 무엇을 도와드릴까요?"

"안녕하세요? S 인사부장님 만나러왔습니다. 연락 부탁드립니다."

"실례지만 약속하셨어요?"

"네, 오후 4시에 만나기로 했습니다."

"잠시 기다려주세요."

안내데스크 직원이 인사부 S 부장에게 내부 전화를 해서, 피플케어 J 이사가 방문했다고 전달했다. 그리고 안내데스크 직원이 말했다.

"네, 저쪽 우측 편에 있는 회의실에서 기다려주세요. S 부장님께서 곧 나오실 겁니다."

이렇게 해서 'K기업' S 인사부장을 만났다. S 부장이 말했다.

"채용 진행 중이었던 재무책임자(CFO) 자리가, 회사의 내부 직원이 추천한 후보자로 오늘 오전 확정 되었습니다. 일부러 시간 내서 방문하셨는데 미안합니다.

그런데 다음 주 월요일경, 연구소 쪽에 새로이 채용해야 할 자리가 있을 것 같습니다. 내부적으로 정리되면 연락드리겠습니다."

그 다음 주 월요일, 'K기업' S 인사부장으로부터 '3~5년 경력의 연구원 2명' 구인요청이 왔다. J 이사는, 일주일 안에 적합한 사람을 찾아서 추천했고 그 사람은 면접 합격 및 입사를 하게 되었다.

그리고 곧, 이 'K기업'에서 새로운 '임원급 구인요청'이 왔다.

이렇게 거래가 시작된 이후, 다른 자리의 채용 성공이 계속되면서 'K기업"은 피플케어의 충성기업고객이 되었다.

연구원 2명의 입사로 시작해, 다른 자리의 채용 성공도 계속되면서 충성기업고객이 된 'K기업'에서 다음과 같은 내용의 구인요청 이메일이 한 통 도착했다.

개　　요 : 연구소장 직책 또는 상위 임원급(전무) 배치
자격요건 : - 석사 이상 (박사 우대)
- 영상/음향 관련 대기업 부장 또는 중소기업 연구소장 경력
- 조직 관리 능력 필수
- 연령 40대 중반
연　　봉 : 별도 협의
채용시기 : 즉시

위의 이메일을 받고, 음향기기 회사 'K기업'의 S 인사부장에게 전화했다.

"S 부장님, '연구소장' 구인요청 이메일 잘 받았습니다. 그런데 보낸 내용 중에 여쭈고 싶은 것이 있습니다. 지금 통화 가능하십니까?"

"네, 말씀하시죠."

"연구소장 자격요건으로 네 가지를 말씀하셨는데, 그 네 가지 중에서 가장 중요하다고 생각하시는 게 뭔지요? 그러니까, 최우선 순위로 두는 것이 무엇인지 궁금합니다."

"음… 우선 순위를 꼽는다면… 아무래도, 동종업계의 조직 관리

능력이라고 할 수 있겠네요."

"아, 최고 우선순위는 조직관리 능력이군요? 그러면... 칼자루를 쥐어주면 확실하게 칼을 휘두를 수 있는... 그런, 확실한 리더십이 있는 사람을 말하는 것인가요?"

"예, 바로 그런 사람을 말합니다."

"S 부장님, 혹시 후보자 중에, 다른 능력은 조금 부족해도, 가장 중요한 사항인 '조직 관리 능력'이 뛰어나다면, 그런 분도 가능하신가요?"

"네, 그런 분도 있으면, 일단 이력서를 보내주세요."

"예, 잘 설명해 주셔서 고맙습니다. 빠른 시일 안에, 적합한 후보자를 찾아서 추천하겠습니다. 감사합니다."

접수한 이메일과 인사부장과의 후속 전화 통화를 통해서, 음향기기회사인 'K기업'에서 어떤 사람을 구하는지, 연구소장 구인요청 내역을 더 잘 이해하게 되었다.

고객기업은 동종업계에 종사하는 후보자 추천을 원했다. 먼저 구인 요청을 한 그 회사가 속한 업계를 정확하게 파악하기 위해, 인터넷 검색과 함께 각 산업의 전문가들로부터 산업정보를 얻었다. 음향기기산업에 대해...

J 이사는 먼저 취업포탈 사이트에 '연구소장' 채용공고를 올렸다. 이번 '연구소장' 프로젝트는 기업고객 측에서 공개해도 좋다

고 해서, 일단 취업 사이트에 기업고객의 회사명은 공개하지 않고 채용공고 내용만 J 이사 이름으로 올렸다.

다음으로 음향기기 산업 안에서 'K기업' 연구소장 후보자를 찾을 수 있는 '서치 목표대상기업 목록'을 만든 후, 온라인DB 위주의 내부 서치와 외부 서치를 병행했다.

서치 목표대상 기업에 근무하고 있거나 예전에 근무했던 후보자들 위주로 '후보자 Long List'를 만들었다.

그리고 'Long List'의 후보자들에게 차례로 전화했다. 먼저 예전에 다른 Position 진행 건으로 안면이 있는 대기업 S전자에 근무하는 L 부장에게 전화했다.

"안녕하세요? S전자 L 부장입니다."

"L 부장님, 안녕하세요? 피플케어 헤드헌터 J 이사입니다."

"네, 오랜만입니다. 잘 지내시죠?"

"예, 잘 지내고 있습니다. L 부장님, 전화 드린 것은 다름 아니라, 이번 달 음향기기 회사 'K기업'에서 연구소장 채용 건이 있습니다. 직급은 연구소장 상무급인데, 후보자에 따라 전무급도 가능한 자리입니다. 혹시 지원하실 의향이 있으신지 궁금해서 전화 드렸습니다."

"그래요? 'K기업' 연구소장… 나는 안 되겠어요. 여기서 현재 진행하는 일들이 많아서 아직은 이직할 상황이 아니예요."

"네, 잘 알겠습니다. L 부장님, 다음에 혹시 취업과 관련해서

제가 도와드릴 일이 있으면 연락주시길 바랍니다.

그리고 혹시 주변에 아시는 분 중에서 이번 'K기업 연구소장' 자리에 추천하실 만한 분이 있으면, 저에게 소개해 주시면 고맙겠습니다."

"그래요... 소개라... 그 연구소장 자리. K기업에서 원하는 자격요건이 뭐예요?"

"예, K기업에서 원하는 분은 L 부장님 같은 분입니다. 학력은 석사 이상으로 박사이면 더 좋다는 것입니다. 연령은 40대 중반으로, 영상음향 관련 대기업 부장 또는 중소기업 연구소장 경력자를 원합니다. 그리고 특히 조직 관리 능력이 뛰어난 분을 찾고 있습니다. 자격요건들 중에서 무엇보다 '조직관리 능력'을 가장 중요하게 생각하고 있습니다."

J 이사의 자격요건 설명을 듣고, L 부장은 웃으면서 답변했다.

"그래요? ... 조직관리 능력이라..."

"L 부장님, 생각나는 분이 있습니까?"

"아, 우리 전자공학과 대학 동창 중에, 대기업에 근무하면서 경력을 잘 쌓은 친구가 한 명 있어요. 그 친구가 '강한 카리스마의 소유자'로 소문난 친구인데, 최근 '회사 사정으로, 회사를 떠나야 할 것 같다'는 말을 들은 적이 있어요."

"L 부장님, 그 친구 분 소개 좀 해주시겠어요?"

"네, 우선 내가 한 번 그 친구에게 지원의사가 있는지 물어볼게요. 아... 그리고 다른 조건은 모두 맞는데, '석사 이상 혹은 박사'

학력 조건은 맞지 않아요. 그 친구는 학사예요."

"예, 괜찮습니다. 그 부분은 K기업 측과 다시 협의해보겠습니다. '조직관리 능력'이 뛰어나다면, 다른 조건이 조금 부족해도 추천하는 것으로, 이미 K기업 측과는 이야기가 되어 있습니다."

"그래요? 그러면 그 친구에게 연락해보고, J 이사님께 다시 전화할게요."

"예, L 부장님, 감사합니다."

이렇게 L 이사는, S전자 L 부장에게 연락했지만, 그는 이직할 의향이 없었다. 그러나 대신, 다른 후보자 소개를 요청할 수 있었다.

다음날 오전 10시 40분 경, L 부장으로부터 J 이사에게 전화가 왔다.

"안녕하세요? 피플케어 J 이사입니다."

"안녕하세요? L 부장입니다. 어제 이야기한 그 친구에게 연락했는데, K기업 연구소장 지원하겠답니다. J 이사님 이메일 주소를 그 친구에게 알려줬어요. 아마 오늘 중에 J 이사님께 이력서를 보낼 겁니다. 그 친구 이름은 C이고, H전자 이사로 재직 중입니다."

"L 이사님, 고맙습니다."

그 날 오후 2시 경, H전자 C 이사로부터 이력서가 첨부된 이메일이 도착했다.

J 이사는 H전자 C 이사의 이력서를 검토한 결과, 적합한 후보자로 판단되어 사전 인터뷰 후 고객사에 추천했다.

기업고객의 면접이 끝나고, 'K기업' S 인사부장으로부터 연락이 왔다.

"K기업 연구소장'으로 C 이사가 입사 확정되었어요. 축하합니다!!!"

'구인요청내역' 관련 에피소드

외국계자동차 회사에서 '금융회사 IT 시스템 운영 및 개발 경력이 있는 IT 경력자'를 찾아달라는 구인 요청을 받은 적이 있다. 구인요청내역 중 '영어'가 가능해야 한다고 했다.

그 회사에 3개월 전 피플케어 헤드헌터 S 부장이 추천하여 입사한 IT경력자가 '영어는 일상 대화 정도 할 수 있는 수준인데, IT시스템 운영 및 개발 능력이 뛰어나서' 합격한 적이 있었다. 그래서 이번에도 '일상 대화할 수 있을 정도의 영어 가능한 IT경력자'를 추천했다.

고객사 면접이 끝나고, 고객사의 채용담당자로부터 담당 헤드헌터에게 전화 연락이 왔다.

"이번 구인 요청한 자리는, 후보자의 '영어 능력'을 사전에 올바로 평가해서 보내주세요. 오늘 오전에 면접 본 후보자는 외국인 임원이 영어로 면접을 했어요. 그런데 면접 시작부터 의사소통이 되지 않아서 후보자가 한두 마디 답변도 하지 못하고 끝났어요.

요구하는 영어 수준을 다시 알려드리니, 다시 추천해 주세요.

영어 능력은, 해외의 외국인 IT개발자와 영어로 업무적인 의사소통에 전혀 문제가 없어야 해요. 이번 IT경력자 구인 건은 영어를 사용하는 그 외국인 IT개발자와 시스템 구현과 결합에 대한 상세한 내용을 공유하고 의견을 주고받아야 합니다."

헤드헌터 S 부장은 '후보자가 면접 시작 시간부터 외국인 IT담당 임원의 질문에 의사소통이 되지 않았다.'는 채용담당자의 말을 듣고 너무 미안했다.

영어 능력의 요구 수준을 올바로 파악한 헤드헌터 S 부장은, 그 다음주에 '영어 능력이 매우 뛰어난 IT경력자'를 다시 추천하여 최종 합격했다!!!

2장

올바른 서치가 최고의 헤드헌터를 만든다

대부분의 서치 계획은 다음 세 가지 항목으로 구성된다.

1. 서치 가능성이 있는 목표 대상 산업들을 선정하기
2. 목표 대상 기업들을 선택하기
3. 특정한 후보자들을 찾아내기

이 세 가지 요소 중에서 첫째, 가능성이 있는 '목표 대상 산업들을 선정하기'에 대해 먼저 살펴보겠다.

동종업계에서 후보자를 찾아서 합격 성공하는 경우가 많다. 그래서 동종 업계에서 후보자 찾는 것을 우선순위에 두지만, 때로는 포지션에 따라 관련 업계 등으로 확대하기도 한다.

고객사들은 보통 동종업계 출신을 선호한다. 예를 들어 고객사 제품에 대해 전문적인 지식과 경험을 가지고 있는 후보자를 찾는 경우에는 일반적으로 동종업계로 한정한다.

그러나 때로는 고객사 조직 분위기를 쇄신시켜서 성과를 창출할 인재를 찾는 경우, 동종업계 출신은 아니지만 뛰어난 조직 관리능력과 리더십을 갖춘 관리자들을 찾아볼 수 있다. 예를 들어 과거 위기에 빠진 미국 IBM을 새롭게 탈바꿈시켜 성공적으로 부활시킨 CEO 루 거스너(Lou Gerstner)는 첨단기술 업계에서 일해 본 경험이 전혀 없는 제과 회사 출신의 경영자였다. 이러한 인재들이 채용되어서 훌륭한 업무 성과를 내는 경우도 많이 있다. 이들은 몇 개월 내에 새로운 업계에 대해 모두 배우고 익혀서 성과로 연결시킬 수 있는 뛰어난 역량을 가지고 있기 때문이다.

기업고객들은 종종 어느 산업에서 후보자를 찾는 것이 적절한지를 지정해 주기도 한다. 예를 들어 자동차 부품회사 물류팀장을 채용하는데, '일반제조업에 근무하는 물류팀장 경력자를 원한다. 물류회사에 근무하는 물류팀장 경력자는 원하지 않는다' 등, 이렇게 기업고객이 지정해 주는 경우가 있다.

그런데 고객사가 목표대상 산업을 결정해 주더라도, 때로는 다른 관련 산업이나 또는 어떤 경우에는 고객사가 지정한 산업과 완전히 무관한 산업에서 적합한 후보자를 찾는 경우도 있다.

목표대상 산업을 선정하는 것에 대해 헤드헌터는 미리 기업고객과 논의하고, 서치에 활용해야 한다. 목표대상 산업의 폭을 넓히는 것은 후보자 풀을 넓히는 것이므로 분명히 서치에 도움이 된다.

반면 목표대상 산업을 한 개 산업으로 한정 지을 때 시간 허비를 더 많이 하는 경우도 있다. 기업체 입장에서는 짧은 기간 내에 적합한 후보자를 추천받아서 채용하는 것이 가장 좋다. 그러므로 경우에 따라서는 목표대상 산업의 폭을 넓혀서 후보자 풀을 넓히는 것이 기업에게도 이익이다.

헤드헌팅 성공사례 ④

D그룹계열사 골프장 사장(CEO) 구인요청이다. D그룹은 당시 그룹계열 골프장이 없었다. 골프장 사업에 새로이 진출하기 위해, 서울 근교에 명품 골프장 건설 및 운영을 전체적으로 추진할, 그룹계열 골프장 사장(CEO)을 채용하는 건이다.

고객기업은 동종업계에 종사하는 후보자 추천을 원했다. 먼저 구인 요청을 한 그 회사가 속한 업계를 정확하게 파악하기 위해, 인터넷 검색과 함께 전문가들로부터 골프장 산업정보를 얻었다.

골프장 사장(CEO) 서치는 S 전무가 담당했다.

D그룹계열의 골프장 사장(CEO) 서치를 위해, 평소 잘 알고 있는 골프 월간지 '골프 D' J 기자에게 전화 연락했다.

"안녕하세요. J 입니다."

"안녕하세요? 피플케어 S 전무입니다."

"네, S 전무님, 오랜만입니다."

"J 기자님, 국내 골프산업 현황 자료를 얻을 수 있을까요? "

"네, 골프 관련 일이 있으세요?

"네, 현재 골프장 CEO를 찾고 있어요. 상위 순위별로 골프장 CEO들을 파악할 수 있는 자료이면 좋겠습니다."

"예, 말씀하신 자료를 내일 오후, 이메일로 보내드리겠습니다."

다음날 S 전무는 '골프 D' J 기자로부터 국내 골프산업 현황 자료를 이메일로 받아 살펴볼 수 있었다.

(업계 현황 자료를 모을 수 있는 곳은, 검색포탈사이트, 해당 업종의 협회(골프협회), 신문, 잡지 및 서적 등을 들 수 있다.)

골프업계 경험이 없어도, 학교 선후배, 직장 동료, 선후배 및 CEO 모임, 각종 모임 등에서 만난 지인으로부터 골프업계 전문가를 소개받는 것은 가능하다.

그리고 임원급 후보자는 취업포탈사이트 등에서 찾기가 쉽지 않기 때문에, 지인들로부터 소개를 받는 것이 중요하다.

D그룹계열의 골프장 사장(CEO) 서치 건은, 골프 월간지 [골프 OOOOO] J 기자와 골프 티칭 프로인 동료 헤드헌터 L 이사의 조언을 바탕으로 7개 골프장의 '서치 목표 대상 기업목록'을 작성했다.

D그룹계열의 골프장 사장(CEO) 서치 건은, K대학원 MBA 후배로부터 R골프장 K 사장을 소개받아 후보자 한 명을 추가하여 '서치 목표 후보자목록'을 확정했다.

R골프장 K 사장은 과거 H그룹의 'H CC' 임원 재직 때 H그룹 회장을 모셨으며, 'R골프장'을 건립하여 현재 사장으로 재직 중이었다.

'골프장 사장(CEO)'으로 추천하는 후보자는 R골프장 K 사장 한 명으로 최종 선정하고, '후보자 추천 보고서'를 작성해서 발송했다.

D그룹 '골프장 사장(CEO)' 후보자 한 명은 기업고객의 면접이 잘 진행되었다.

D그룹으로부터 연락이 왔다.

"D그룹의 골프장 사장(CEO)으로 R골프장 K 사장이 입사 확정되었어요. 축하합니다!!!"

후보자 서치를 어디서 할 것인가

목표대상 산업(Target Industry) 선정 후, 그 산업 내에서 목표 대상 기업들(Target Company)을 다시 선정할 때는, 회사 규모, 업계의 평판, 구인의뢰기업의 선호도 등을 참고한다. 이때 많은 서치 소스(Search Source)들을 활용한다.

인터넷을 통해 동종 업계의 경쟁사들을 파악할 때는, 다음과 같은 방법을 사용하기도 한다.

구인요청을 받은 회사 이름을 검색포탈 사이트 Daum, Naver, Google 등에서 '검색어'로 넣어서 검색하면 최신 기사 순으로(예 최근 3년 이내) 기사를 검색할 수 있고, 관련 경쟁사 동향 등도 볼 수 있다. 다시 금융감독원 사이트, 사람인 사이트 등에서 그 업체들의 현황을 상세히 확인한다.

이러한 조사 활동을 바탕으로 서치 목표기업들을 선정할 수 있다.

후보자 서치 활동에는 내부 서치와 외부 서치가 있다.

내부 서치는 후보자 데이타베이스(DB)와 산업별 디렉토리(Directory) 검색을 들 수 있다.

1. 내부 서치

1) DB 검색

데이터베이스(DB) 서치는 구인요청을 받는 그 시간부터, 초기에 빠르게 진행해야 한다. 다양한 검색어를 통해 정확하고 신속하게 후보자 대상을 선정한다.

(1) **취업포탈 사이트**(사람인, 잡코리아, 피플앤잡, 인크루트, 커리어, 스카우트 등)

(2) **링크드인**(Linked-in)

- 세계 최대 비즈니스 인맥 네트워크
- 150개국 사용자 7억명(2020. 3Q)
- 한국인 사용자 약 200만명(2020. 3Q)

- 구인/구직, 업계 정보 파악에 특화된 SNS
- 2003년 시작
- 2016년 마이크로소프트 인수(270억 달러, 30조원)
- 주요서비스 : 네트워킹 및 교육
  • Talent Solutions
  • Marketing Solutions
  • Premium Subscriptions

(3) 리멤버

리멤버는 명함 관리 사업으로 시작해, 명함을 주고받는 관계가 비즈니스 협력자가 된다는 것을 전제로 하여 비즈니스 네트워크의 원활한 정보 교류를 돕는다는 사업 지향을 가지고 있다.

현재의 리멤버는 비즈니스에 필요한 사람과 기업을 손쉽게 찾고, 인맥과 정보를 서로 교류할 수 있는 서비스를 제공하고 있다,

리멤버가 제공하는 '보다 넓은 수준의 전문가 네트워크 서비스'의 핵심은 ▶업무상 필요한 전문가나 특정 기업의 담당자를 찾아볼 수 있는 '전문가 검색 기능' ▶ 업종별·업종 간 인맥을 만들고 정보를 교류할 수 있는 '비즈니스 네트워킹 기능' ▶ 당장 이직 의사가 없더라도 기업이나 헤드헌터로부터 제안을 받아볼 수 있는 '커리어 기회 확대 기능'의 세 가지다.

- [중앙일보] '리멤버' 관련 기사 일부 발췌 -

(4) SERI CEO, 일간지, 잡지, 전문지, 대학교 동문록 등의 인물 정보

(5) Naver, Daum , Google 등 포탈사이트

(6) 금융감독원 사이트

(7) 회사 내 데이터베이스(DB)

(8) 그리고 인터넷 각종 동호회, 동료 헤드헌터들이 가지고 있는 명함

2) 디렉토리(Directory)

(1) 각 회사마다 나오는 조직도, 전화번호부 등

(2) 산업지도 책자

(3) 동문록, 각종 협회, 학회

3) 각 산업별 협회 사이트 및 자료

(1) 은행협회, 한국석유화학협회, 한국소프트웨어협회, 한국제약협회, 한국 화장품협회, 식품협회, 반도체협회, 변호사협회, 회계사협회, 그 외 각종 협회

(2) 한국상공회의소 산업별 자료

(3) 매일경제신문, 한국경제신문 및 기타 일간지의 산업별 자료

4) 외국계 상공회의소

주한미국상공회의소, 주한유럽연합상공회의소, 영국상공회의소, 독일상공회의소, 한불상공회의소, 그 외 외국계상공회의소(외국계 상공회의소는 가입 회원사의 개요, CEO, 임원 정보 및 연락처가 기록된 Directory를 매년 발간한다. 분기별 혹은 월별로 소식지를 발간하는 상공회의소도 있다.)

2. 외부 서치

내부 서치에서 적합한 후보자를 찾지 못하면, 외부 서치로 확대한다.

자신의 인재 네트워크를 총동원하여 적합한 후보자를 찾는 것이다. 106쪽에서 상세히 설명한다.

어느 날 오전 8시 45분, 피플케어 사무실에 출근해서 컴퓨터를 켰다.

그리고 늘 하던 것처럼 회사 이메일을 열었다. 받은 편지함에는 아직 읽지 않은 이메일 하나가 눈에 띄었다.

이메일 제목은 '이력서_ K'였으며, 피플케어 J이사는 내용 확인을 위해 클릭했다.

From : "KOO" <OOkim@naver.com>
To : <info@peoplecare.co.kr>
Sent : 0000-00-00 18:37:53
Subject : 이력서_KOO

안녕하십니까?

귀사의 번창하심을 바랍니다.

저는 지난 20년간 외국계 다국적 소비재 회사(FMCG)에서 영업 총괄 상무, 영업/마케팅 본부장, Key Account 팀장 업무를 맡아 근무해 왔습니다.

현재는 미국 LA에 있는 소비재 회사 임원으로 근무 중에 있습니다.

향후 국내 소비재회사(FMCG)에서, 저의 경력에 부합되는 임원급 자리가 있을 경우에는 지원의사가 있습니다. 최근 updated resume & cover letter를 첨부하오니 참고 바랍니다.

Resume과 경력사항에 관하여 궁금하신 점 있으시면 연락 주시기 바랍니다.

좋은 한 주 되십시오.

감사합니다.

KOO 드림

위의 이메일을 받고 다음과 같이 답장했다.

——— Original Message ———

From : "피플케어" <info@peoplecare.co.kr>

To : "KOO" <OOkim@naver.com>

Sent : 0000-00-00 18:37:53

Subject : KOO님, '피플케어' 홈페이지 회원 가입 및 이력서를 등록해 주시길 바랍니다.

K 님

첨부로 보내주신 이력서를 잘 받았습니다.

K 님이 원하는 방향으로, 좀 더 빠르게, 효율적으로 그리고 생산성 있게 도움을 드리기 위해, K 님의 도움을 요청합니다.

피플케어 홈페이지 <www.peoplecare.co.kr>에 방문하여 <회원 가입 및 이력서 등록>을 해주시면, 더욱 많은 도움을 드릴 수 있겠습니다. 작성하신 이력서도 홈페이지의 '이력서 등록' 페이지에서 첨부해 주시길 바랍니다.

홈페이지에서 이력서를 등록하시면, 사내 인트라넷을 통해 다수의 피플케어 헤드헌터들이 공유해서 보기 때문에, K 님에게 도움이 될 기회가 더 많아지게 됩니다.

물론 개인정보 및 보안사항은 항상 지키고 있습니다.

저희 피플케어는, K 님의 성장 발전은 물론 경력개발에 도움이 되도록 최선의 서비스를 제공하도록 하겠습니다.

감사합니다.

J 드림 / 피플케어 코리아

K 님은 피플케어 헤드헌터 J 이사의 권유에 따라, 피플케어 홈페이지 〈www.peoplecare.co.kr〉에 방문하여 〈회원 가입 및 이력서 등록〉을 했다.

그리고 8개월이 지나, 피플케어는 국내 소비재 기업으로부터 영업총괄 전무를 추천해 달라는 구인 요청을 받았다.

소비재 부문 헤드헌터 J 이사는, 가장 먼저 피플케어 사내 인트라넷 후보자 데이터를 검색했다. 등록된 이력서를 살펴보니 K 님이 적합한 후보자로 판단되었다.

헤드헌터 J 이사는 면접 후, 구인 요청한 국내소비재 기업에 K 님을 추천했다.

K 님은 국내 소비재기업 전무로 합격해서 출근했다!!!

5단계 후보자 서치

서치 목표대상기업 목록을 만든 그 다음 단계는 목표대상기업에 현재 근무하고 있거나, 혹은 과거에 근무한 적이 있는 적합한 후보자를 찾는 것이다.

일반적으로 자격을 갖춘 후보자를 찾아내는 것은, 적합한 후보자들의 이름을 알아내는 과정이라고 할 수 있다.

후보자 서치 과정은 서치 목표 대상 산업과 기업에 대한 지식과 경력이 있는 자격을 갖춘 후보자들을 찾기 위해, 앞의 4단계에서 이야기한 '내부 서치'와 '외부 서치'를 바탕으로 인터넷 검색 및 전화통화를 함으로써 시작한다.

후보자의 이름을 알아내는 과정에서, 어느 후보자는 기업고객이 원하는 구인 직무(Job Descrition)에 맞지 않아 제외하고, 적합하다고 판단되는 후보자는 추가 심사를 위해 잠재후보자 목록에 올린다.

특정 후보자들은 해당 산업 및 주요 기업의 임원, 혹은 엔지니어, 자동화 소프트웨어 개발자, 관리자, 회계사, 변호사, 금융투자 전략가, 경영 전략 컨설턴트 또는 비즈니스 지인들일 수 있다. 아니면 다른 제3자가 확인해 준 후보자일 수도 있다.

일련의 전화 통화를 통해 더 많은 잠재적인 후보자들을 찾게 되고, 후보자를 찾을 수 있는 다른 소스(Source)도 얻게 된다. 추가로 파악한 소스(Source)들에 있어서도 계속적으로 전화 통화를 이어가면, 후보자 네트워크가 만들어진다.

후보자 전화통화는 후보자와 조직을 올바로 파악하고 잠재 후보자의 이력서를 받기 위한 과정이다.

일반적으로 전화통화 중에 그 직무의 보상범위 등 근무조건을 설명한다.

이렇게 구인기업의 간략한 채용 정보를 설명하면, 종종 부적합한 후보는 자기 스스로 적합성 여부를 판단하고 포기하기도 한다. 그러나 적합한 후보자의 경우는 지원에 대해 보다 구체적인 논의가 이루어진다.

헤드헌터들은 이 전화 통화 중에 후보자에 대한 유익한 정보를 얻기 위해, 또는 가망성이 있는 후보자들이 그들 자신의 이력서를 자발적으로 내어놓도록 하기 위해 전화통화를 이어간다. 구인기업의 회사 정보와 직무명세(Job Description)를 가지고 설명하면서 잠재후보자의 이력서를 받는다.

이때 후보자의 지원을 이끌어 내거나 잠재후보자의 이력서를 받기 위해, 구인 정보를 과대 포장하여 부정확한 구인 정보를 전달해서는 안 된다. 이 헤드헌팅 업무는 직업과 관련된 공공성을 가지고 있기 때문에 업무 진행의 윤리성이 요구된다.

후보자를 발굴할 때는, 후보자가 궁극적으로 가장 중요하게 생각하는 것이 무엇인지 최대한 빨리 파악해야 한다.

잠재적인 후보자가 될 수 있는 임직원에게 전화 통화를 할 때는, 최선을 다해서 가능한 후보자의 이력서를 받아낼 수 있도록 노력해야 한다.

요즘은 헤드헌터 대상이 되는 대부분의 경력자 후보자들은 헤드헌팅에 대해 알고 있기 때문에, 지원 의사가 있는 경우는 헤드헌터에게 이력서를 보낸다.

이때 접촉한 후보자가 이직 의향이 없을 때는 주변 지인을 후보자로 소개받는다.

여기서는 앞의 4단계에서 언급한 여러 가지 후보자 서치 방법 중에서 취업포탈 사이트에 채용공고를 올리고, 취업사이트와 Linked-in에서 다양한 검색어를 통해 인재 서치하는 방법을 소개하겠다.

1. 취업사이트와 Linked-in 인재 서치

인재 DB서치는 취업사이트, SNS 등의 여러 인재 데이터베이스를 활용하는데, 여기서는 "사람인 인재 Pool", "잡코리아 인재 검색" "Linked-in 인재 검색" 기능을 안내한다. 직종, 경력, 나이, 지역 등을 설정하고 키워드를 입력하여 적합한 인재를 찾아볼 수 있다. 검색 결과 적합한 인재가 있다면 연락처를 요청하여 메일 또는 문자로 포지션 제안 연락을 보낸다. 각 채용사이트 별로 인재풀과 검색엔진이 조금씩 차이 나기 때문에 각 사이트를 필요에 따라 적절히 활용하도록 한다.

1) 사람인 인재풀

(1) 인재풀 서치 시작하기

01. 사람인 사이트에 로그인하여 상단 메뉴의 "인재풀"을 클릭한다.
02. "인재 검색"을 클릭한다.

(2) 인재 서치 요건 설정하기

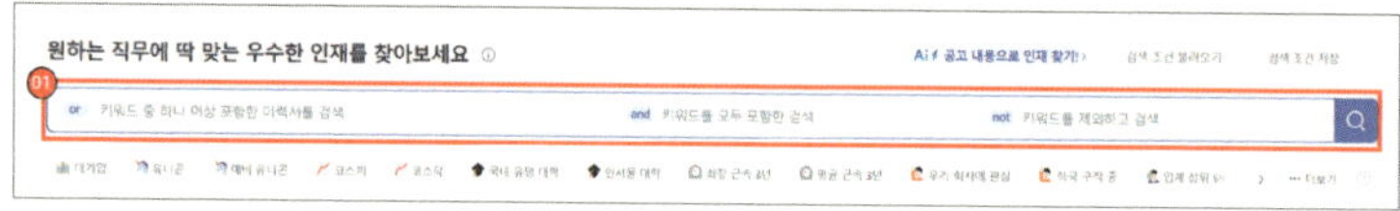

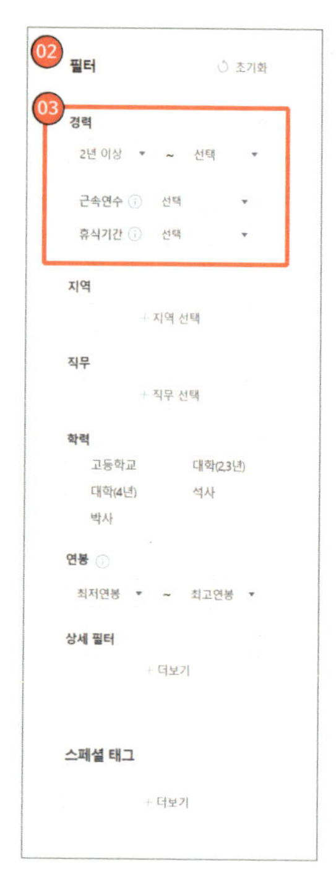

01. 고객사의 요청에 맞추어 기본 요건을 설정한다.
    상단 검색창에는 필요 키워드를 입력할 수 있다. (자세한 검색 방법은 아래 ※ 참고)
    키워드가 다양할수록 적합한 인재를 서치하는 데 편리하다.
    조건 등록 후 인재 결과 양이 너무 많을 경우 키워드를 하나씩 늘려가며 서치하면 좋다.
02. 좌측 "필터"에서는 경력과 직무 등을 추가로 설정할 수 있다.
03. "필터"의 "경력"에서 최소 경력을 입력하면 근속연수를 설정할 수 있다.
    고객사는 주로 이직 경험이 적은 장기근무자를 선호하기에 알아두면 유용하다.

※ or 검색 : 하나 이상 포함 검색이다. A와 B를 입력하면 둘 중 하나라도 포함된 이력서를 검색한다.
and 검색 : 모두 포함 검색이다. A와 B를 입력하면 둘 모두 포함된 이력서를 검색한다.
not 검색 : 제외할 키워드를 입력한다.

(3) 연락처 요청

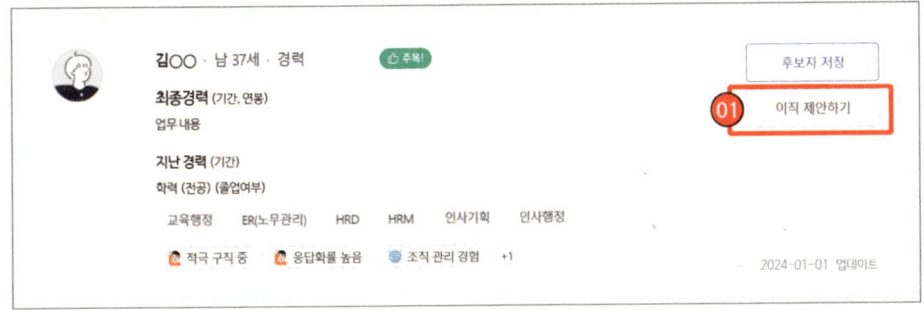

01. 검색결과 적합한 인재를 발견하면 우측의 "이직 제안하기" 버튼을 클릭한다.
02. 회사소개, 연락처 요청문구, 상세 직무 정보 (회사명, 경력, 연봉, 직종) 등을 작성하고 "보내기" 버튼을 누른다.
채용공고 단계에서 오픈하지 않았던 회사명은 인재 접촉 단계 제안 내용에서 오픈한다.

2) 잡코리아 인재검색

(1) 인재검색 시작하기

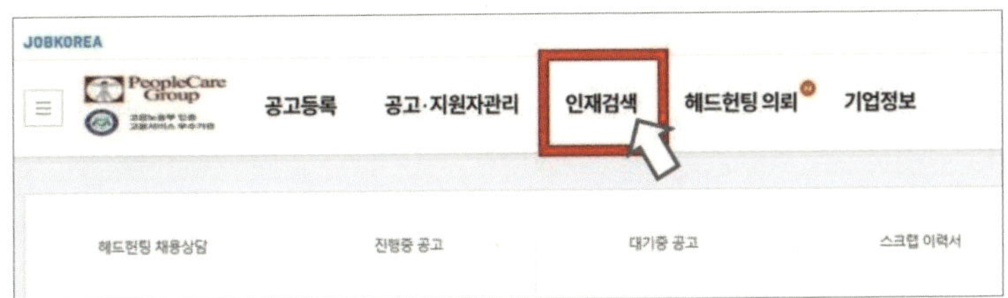

잡코리아 사이트에 로그인 후 중앙의 "인재검색" 버튼을 클릭한다.

(2) 인재검색하기

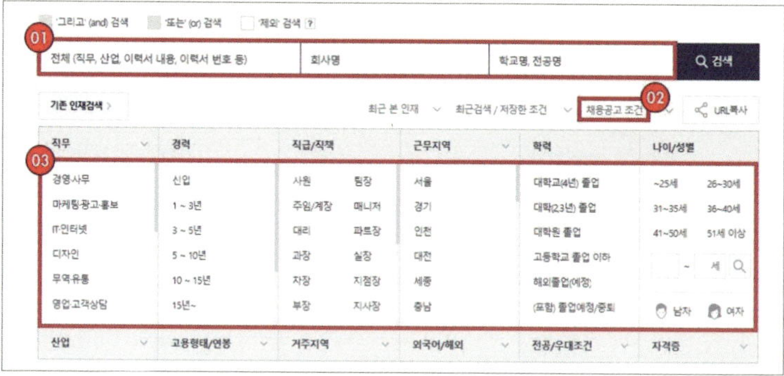

01. 전체항목, 회사명, 학교/전공을 직접 입력하여 검색한다.

02. "채용공고 조건"을 클릭하여 현재 채용공고 중의 하나를 선택하면 해당 공고에 설정되어 있는 요건으로 인재가 검색된다.

03. 각 항목을 클릭하여 인재를 검색한다.

(3) 포지션 제안하기

A. 연락처가 공개되어 있는 경우

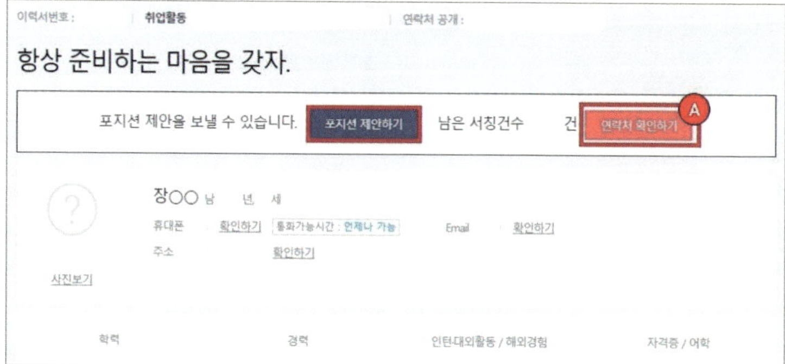

연락처가 공개되어 있는 경우 '연락처 확인하기' 버튼을 클릭하여 인재의 연락처를 확인하고 제안 이메일/문자를 보낸다.

B. 연락처가 비공개인 경우

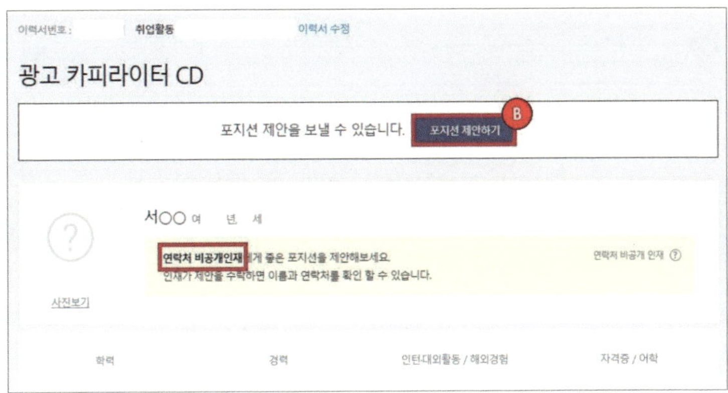

비공개인 경우 '포지션 제안하기'버튼을 클릭하여 연락처 확인을 요청할 수 있다.

인재가 제안을 수락할 경우 90일간 연락처가 기재된 이력서를 열람할 수 있으며 해당 연락처로 제안 연락을 발송해야 한다.

3) 인크루트 인재검색

(1) 인재검색 시작하기

인크루트 사이트에 로그인 후 중앙의 "인재검색" 버튼을 클릭한다.

(2) 인재검색하기

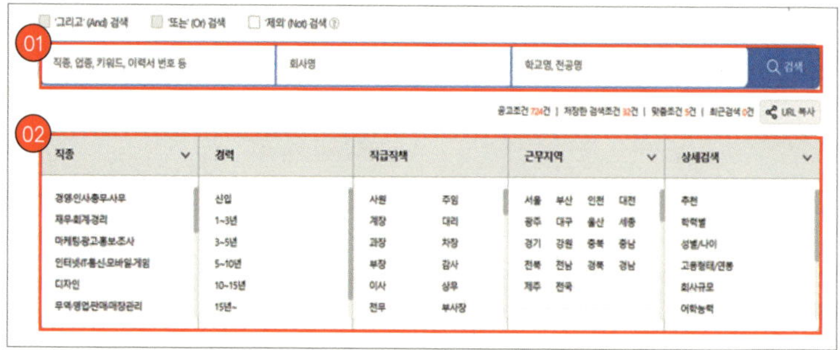

01. 전체항목, 회사명, 학교/전공을 직접 입력하여 검색한다.

02. 각 항목을 클릭하여 인재를 검색한다.

4) 피플앤잡 이력서검색

(1) 이력서검색 시작하기

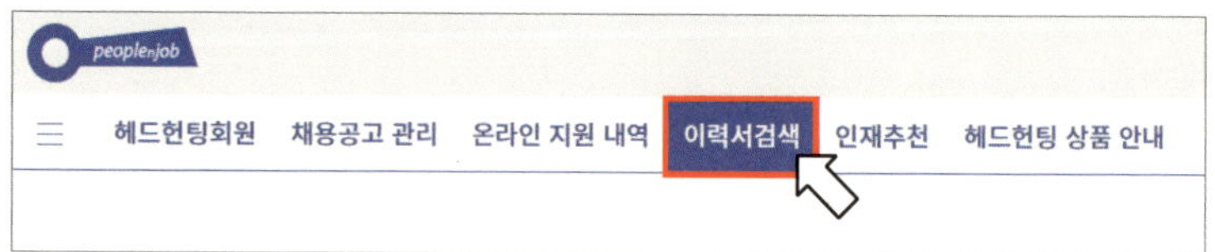

피플앤잡 사이트에 로그인 후 중앙의 "이력서검색"버튼을 클릭한다.

(2) 인재검색하기

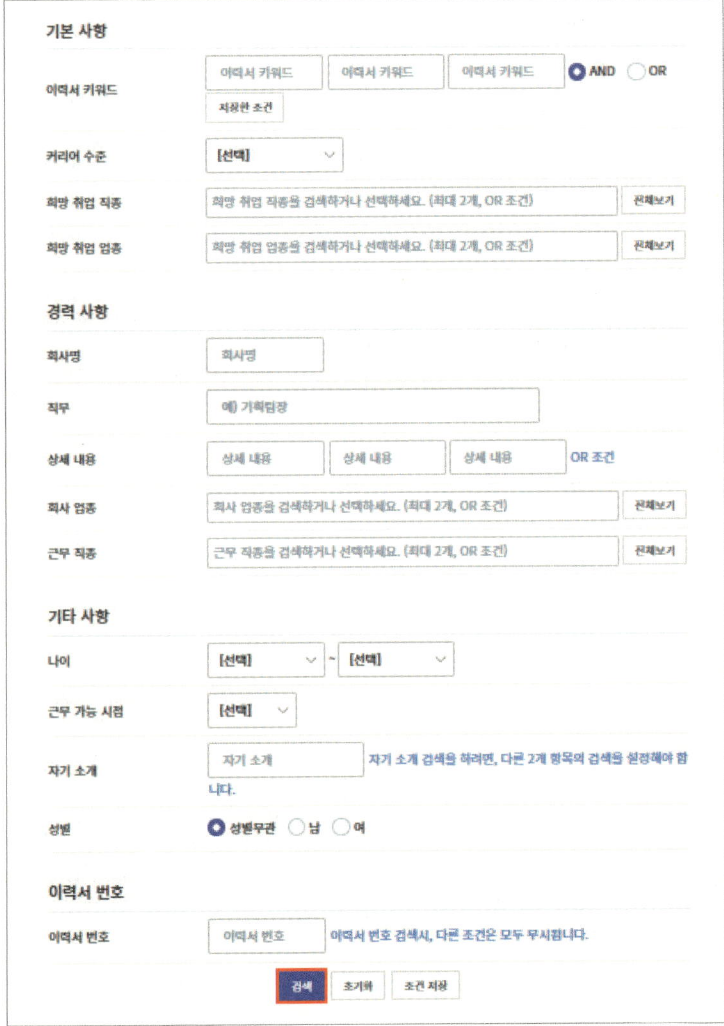

고객사의 요청에 맞추어 기본 요건을 설정한 후 검색한다.

5) 리멤버 커리어 인재검색

(1) 인재검색 시작하기

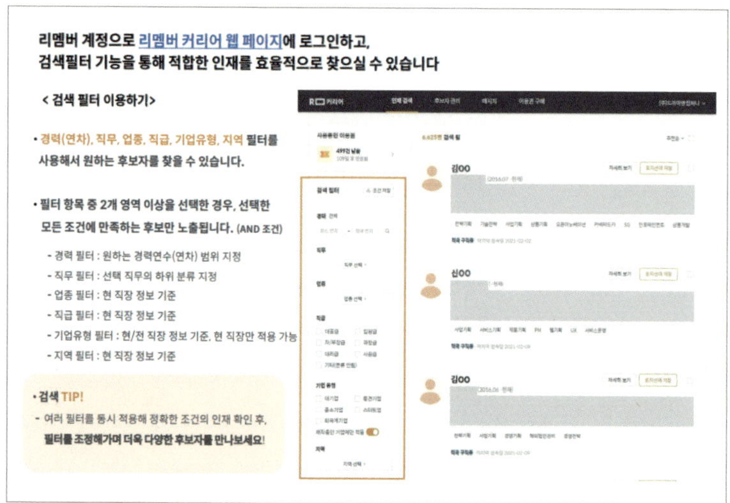

리멤버 커리어 사이트에 로그인 후 "인재검색"버튼을 클릭한다.

(2) 인재검색하기

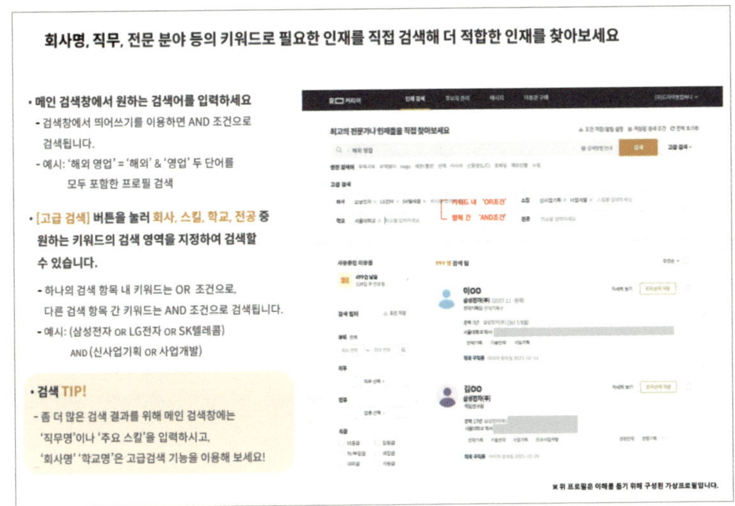

고객사의 요청에 맞추어 기본 요건을 설정한 후 검색한다.

6) Linked-in 인재 서치

Linked-in 인재 서치에 앞서 먼저 Linked-in 촌수와 인맥의 정의에 대해 소개하겠다.

Linked-in에서는 인맥 내 사람을 1촌이라 부른다. 인맥은 1촌, 2촌, 3촌뿐 아니라 Linked-in 그룹의 회원으로도 구성된다. 초대 메일을 보내 다른 Linked-in 회원 및 이메일 연락처와 연결하거나 다른 사람의 초대를 수락하여 인맥을 형성할 수 있다. 다른 회원과 맺은 촌수에 따라 Linked-in에서 해당 회원과 상호작용할 수 있는 방식이 달라진다.

- 1촌 - 자신이 상대방의 1촌 신청을 수락했거나 상대방이 나의 1촌 신청을 수락했으므로 나와 직접 연결되는 사람이다. 1촌 지인은 검색 결과와 프로필에 1촌 아이콘이 표시된다. 1촌에게는 Linked-in에서 직접 메일을 보낼 수 있다. 무료 회원의 경우는 1촌 숫자를 많이 늘리는 것이 중요하다.
- 2촌 - 내 1촌과 1촌을 맺은 사람이다. 2촌 지인은 검색 결과와 프로필에 2촌 아이콘이 표시된다. 2촌 지인에게는 해당 프로필 페이지에서 1촌 맺기 버튼을 클릭하거나 InMail을 통해 연락하여 1촌 신청을 보낼 수 있다.
- 3촌 - 내 2촌과 1촌을 맺은 경우로서 내 1촌에서 두 사람을 건넌 인맥을 말한다. 3촌 지인은 검색 결과와 프로필에 3촌

아이콘이 표시된다.

- 3촌 지인의 성과 이름이 모두 표시될 경우 1촌 맺기를 클릭하여 1촌 신청을 보낼 수 있다.
- 3촌의 성의 첫 글자만 표시되는 경우에는 1촌 맺기를 클릭할 수는 없지만 InMail을 통해서 3촌과 연락을 할 수 있다.

- Linked-in 그룹의 회원 - 내가 가입한 그룹과 같은 그룹의 회원이기 때문에 내 인맥에 들어가는 경우이다. 회원 프로필의 하이라이트 항목에 양측 모두 속해 있는 그룹이 표시된다. 이러한 회원에게는 Linked-in에서 또는 그룹을 통해 직접 메일을 보낼 수 있다.
- Linked-in 회원(인맥 밖 회원) - 위에 나열된 범주에 속하지 않는 Linked-in 회원이다. 인맥 밖의 프로필은 조회에 제한이 있지만 더 많은 프로필을 확인하기 위해 다른 귀중한 1촌들과 인맥을 형성할 수 있다. 이 옵션을 이용할 수 있는 경우 해당 회원들에게 InMail을 보내 자신을 소개할 수 있다.

'링크드인'은 '세계 최대의 구인·구직 소셜 네트워크'라고 할 수 있다.

비즈니스 인맥에 집중한 소셜 서비스를 제공한다. 구인·구직 서비스에 SNS 기능을 합친 것이 특징이다.

2003년 미국에서 설립되어 전 세계 약 7억 명 이상의 가입자를 가지고 있다. 인맥은 1촌, 2촌, 3촌으로 구분하며 새로운 인맥을 형성할 수 있는 그룹 기능을 제공한다.

사용자는 프로필 메뉴에서 자신의 경력을 자세하게 써 놓을 수 있고, 지인들과 '1촌'을 맺을 수 있다. 나와 1촌인 친구들이 누구와 연결됐는지 볼 수 있으며, 친구의 친구를 '2촌', '3촌' 형식으로 보여준다.

여기에 가입된 국내 사람들은 대기업이나 외국계 기업의 고급 인재들이 대부분이다. 또한 전 세계의 고급 인재들과도 링크드인을 통해 쉽게 연락할 수 있으며, 링크드인 프로필에서 인재를 찾을 수 있다. 글로벌 사이트이므로 대부분 영어를 사용한다.

Linked-in 인재 서치 방법은 유료 서치(Linked-in 유료 상품 구입 사용)와 무료 서치가 있는데, 여기서는 무료 서치 방법을 소개하겠다.

헤드헌터 H 상무가 D증권 채용의뢰를 받아 Linked-in을 활용하여 인재 서치 진행한 사례를 적어본다.

IPO, IBD RM, 대체투자, M&A, 해외사모펀드 판매 등 11개의 다양한 포지션에 대한 구인 의뢰를 받았다. 이 포지션들은 주로 경쟁 증권사, 자산운용사, 투신사 등에서 현재 근무하고 있는 핵심인재 채용을 희망하였다.

먼저 해당 채용 포지션에 대한 서치 목표 기업 명단과 서치 키워드를 작성했다. 고객사가 선호하는 기업 출신 후보자는 면접 진행 가능성이 높기 때문이다.

포지션별 서치 목표 Company & 검색 키워드 사례

1. IPO (VP 급 부장~이사)
   - 서치 목표 기업 : 대형경쟁사, 외국계
   - 키워드 : IPO, Pre-IPO, KICPA, AICPA, 주식상장, Primary equity market 등

2. M&A (VP급 부장~이사)
   - 서치 목표 기업 : 회계법인, 외국계
   - 키워드 : M&A, FAS, KICPA, AICPA, Deal advisory, Valuation model, due diligence, 실사, 기업평가, 인수합병, Investment banker 등

3. IBD RM (VP급 부장~이사) 전문계약직 12년 이상
   - 서치 목표 기업 : 대형경쟁사, 외국계
   - 키워드 : Investment Bank, Relationship manager, Corporate banking, 기업고객발굴, Deal, RM, Banker 등

4. 대체투자 딜 소싱 (VP급 부장~이사) 전문 계약직 12년 이상
   - 서치 목표 기업 : 대형경쟁사, 외국계
   - 키워드 : Alternative investment, 대체투자, 딜 소싱, origination, 인프라, 부동산금융, 비유동상품

5. 해외사모펀드 대체상품 판매 (8~15년) 책임/VP급 (정규직)
   - 서치 목표 기업 : 대형경쟁사, 외국계
   - 키워드 : Institutional sales, alternative sales, 부동산상품, secondary alternative sales, illiquidity sales, foreign private equity sales 등

(1) Linked-in Search 진행 – 키워드로 검색

① "M&A" 포지션 경우는, 위의 키워드 예시와 같이 "M&A"로 "people"을 검색한다. 1~3촌 등에 해당하는 사람들이 Browsing 된다. 근무회사는 다음 <화면1>에서 보듯이 보인다. "M&A Advisory at ○○○" "Linked-in"에서 출신학교, 경력연수, skills, 자격증 등은 보이지만, 나이, 휴대폰번호 등은 이력서를 받기 전까지 알 수가 없어 채팅창으로 communication 한다.

1촌은 메일주소 등이 "More"에서 "save to PDF"를 선택하면 개인메일주소, 휴대폰이 보인다. 단, 2촌 이상의 경우는 메일주소가 hide 되어 있기 때문에 반드시 1촌이 되어야 메일주소 등이 보이고 메시지를 자유롭게 보낼 수 있으므로, 1촌 맺는 것이 중요하다.(유료로 전환하면 "in mail"로 촌수 상관없이 메세지 보낼 수 있으나, 이 역시 상품에 따라 한 달에 최대 00명으로 제한되어 있다.)

<화면1>

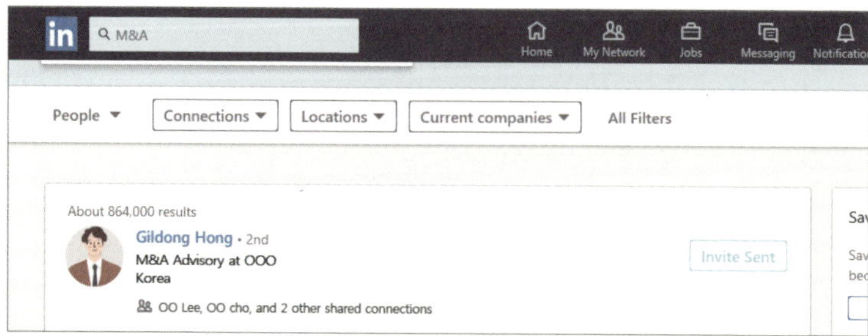

② 적합한 사람을 1촌 신청한다. 회사이름은 우선 비공개하고 제안드릴 포지션이 있다고 하면서 1촌을 아래 <화면2>와 같이 신청한다.

<화면2>

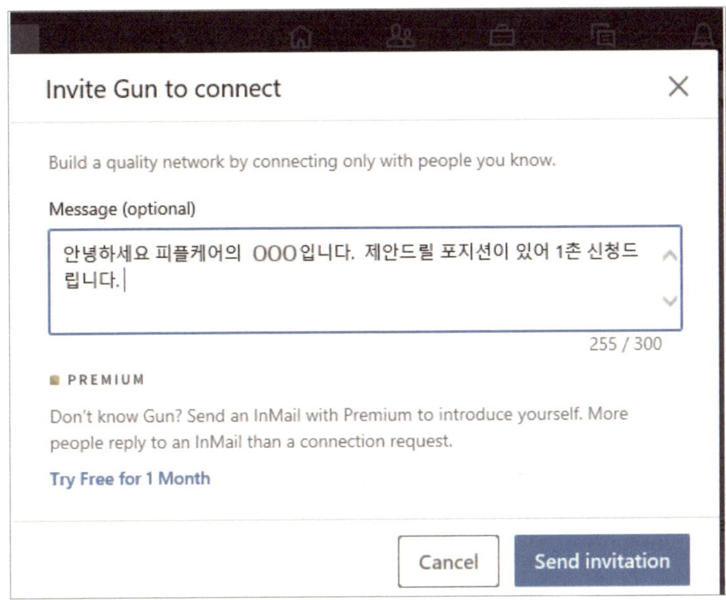

③ 1촌 수락시 회사를 공개한다. 그리고, 관심있다고 할 경우 JD 공유(이메일 또는 채팅창에 공개) 회사의 인지도에 따라 회사소개를 한다.

예 "KK"라는 Trading bot 개발회사에서 CTO 포지션 제안드립니다.

○○증권과 같이 인지도가 높은 회사는 회사소개 없이 포지션/JD 공개를 한다. JD 등은 후보자한테 메일 또는 채팅창에서 JD를 공유한다. (JD가 간단할 경우)

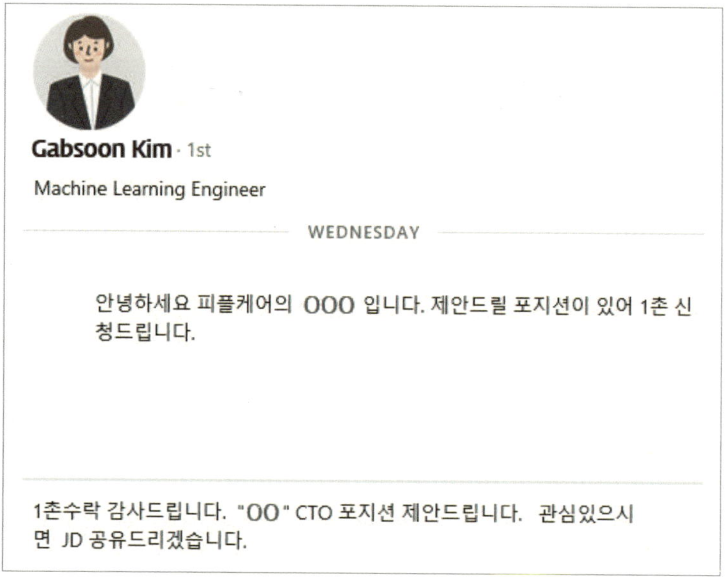

Gabsoon Kim · 1st

Machine Learning Engineer

WEDNESDAY

안녕하세요 피플케어의 OOO 입니다. 제안드릴 포지션이 있어 1촌 신청드립니다.

1촌수락 감사드립니다. "OO" CTO 포지션 제안드립니다. 관심있으시면 JD 공유드리겠습니다.

④ JD 검토 후 포지션 지원의사를 표시할 경우 이력서를 피플케어 이메일로 송부 요청한다.

후속 이메일 사례

From : 00 상무 <000@peoplecare.co.kr>
Sent : Friday, May 8, 0000 9:32 PM
To : 000@hotmail.com <000@hotmail.com>
Subject : [RE][IB RM] 경영 전략 기획 / 법률

000님,

00증권 진행의사 있으시면 국문, 영문이력서 송부 부탁드립니다.
감사합니다.

Re: [RE][IB RM] 경영 전략 기획 / 법률
00.05.10 17:17:17 [GMT +09:00 (서울, 미국)]
보낸 사람 : 000@hotmail.com>

일반 첨부파일 총 2건(338KB)
이력서_000_전략기획(이사급).doc

피플케어 00 상무님, 안녕하세요?

00증권 IB Deal RM 포지션에 대하여 지원하고자 저의 보완된 국문, 영문이력서를 첨부하여 드립니다.

지원동기, 현연봉 및 희망연봉 등을 이력서 內에 명기하였습니다.
프로젝트 중이라 회신이 늦어져서 죄송합니다.
그럼, 향후 사항 피드백 주시면 감사하겠습니다.
감사합니다.

000 부장 드림

2. 외부 서치

내부 서치에서 적합한 후보자를 찾지 못하면, 외부 서치로 확대한다. 임원급의 경우에는 처음부터 외부 서치로 시작하는 경우도 있다.

외부 서치는 목표대상산업에 속하는 목표대상기업목록을 먼저 만들고, 그 목표대상기업 출신의 후보자들에게 직접 연락하여 이력서를 받는 것이다.

이와 더불어 아래 방법들을 병행한다.

1) 인재 네트워크(Human Network)

(1) 본인이 예전에 알고 있는 사람들을 총동원한다.

(2) 각종 모임/동호회 휴먼 네트워크

(3) 해당분야 교수, 연구소 연구원

(4) 전시회, 학회

(5) 지인의 소개(친구, 동료, 선후배 및 과거 서치 목록에 있는 후보자 고객 등)

2) 후보자 통해 소개 받음

(1) 각 업계에 아는 분들을 한두 명씩 알아두고, 정기적으로 그분들과 연락하는 것도 매우 좋다.

(2) 지원 의사가 없는 잠재 후보자에게 다른 후보자 소개를 요청한다.

또한 고객사나 면접을 통해서 얼굴을 익혀 놓은 사람들로부터도 소개받을 수 있다.

이때 접촉한 후보자가 이직 의향이 없을 때는, 주변 지인을 헤드헌팅 후보자로 소개받는 것이 정말 중요하다. 기업고객 영업할 때 다른 기업을 소개받는 것이 중요하듯이, 후보자 서치할 때도 이직 의향이 없는 후보자들로부터는 다른 적합한 후보자를 소개받는 것이다.

예를 들어, 이직의향이 없는 10명의 후보자들로부터 다른 후보자를 소개받고, 소개받은 그 후보자로부터 다시 다른 후보자를 소개받으면, 10명이 100명이 된다. 이렇게 소개받아서 구축한 100명의 후보자 DB는 가장 강력한 후보자 DB가 된다.

헤드헌팅 프로젝트를 진행할 때마다 이직 의향이 없는 후보자들로부터 다른 후보자를 소개받아 후보자 DB를 구축해 나가면, 그것은 그 헤드헌터의 중요한 자산이 된다. 시간이 지날수록 헤드헌팅 프로젝트별 강력한 후보자 DB는 쌓이게 되고, 후보자 서치 속도도 훨씬 빨라진다.

나중에 비슷한 구인의뢰를 받았을 때는 즉시, 예전에 이미 작성해둔 후보자서치 목록에서 후보자를 찾아서 전화 연락하면 된다. 그 후보자가 이직 의향이 없으면, 다시 또 다른 후보자를 소개해 달라고 요청할 수 있는 것이다.

아무리 찾기 어려운 후보자일지라도 한두 단계의 소개를 거치면, 국내에서는 모든 후보자를 접촉할 수가 있다.

피플케어의 억대 연봉 헤드헌터는 후보자가 이직 의향이 없다고 말하면, 자동적으로 다른 후보자를 소개해 달라고 요청한다.

내부 서치 사례

OOOO Korea _ IT Test Manager 후보자 검색

OOOO는 자동차관련 렌트, 대출, 리스, 토탈케어 등 20**년 설립된 외국계 국내 수입차 회사로 OOO 그룹의 공식 금융법인이다.

앞서 진행하였던 'IT Test Manager' 포지션을 다시 진행하게 되었고, 처음 시작할 때 전달 받은 [JD 1]에서 원활한 업무 진행을 위해 [JD 2]로 수정되었다.

[JD 1] Position & Qualification Requirements

8. 근무부서&직원	IT & Manager
9. 담당업무 (Job Description)	Test Manager - Business/System Flow 고려한 Test 계획 수립 - 단위, 통합, 사용자 - 결함 관리 및 인도 개발 업체에 수정 내용 전달 - Test 결과 보고 - 운영 이관 및 Sanity test 진행
10. 경력(연수)	- 5,6년 정도 전문 Test Manager로서의 경험이 있고, 금융회사 system process 에 대한 이해도가 높은 분 - 3년 이상 전문적으로 테스트 직무를 한 사람 - 영어 communition에 능하며, 테스트 진척 관리를 책임감 있게 진행하실 분 - PMO, QA 아님 - 야근 존재, 업무 강도가 강할 수 있음.
11. 학력 & 전공	4년제 대학, 전공 불문
12. 성별 & 나이	- 영어 능통 : 직무에 대해서 영어로 의사소통 할 수 있는 정도 - Test 결과물과 결함에 대해 시스템개발자들에게 알려줄 수 있어야 함. - 영어인터뷰 있음.
13. 연봉 Range (Basic/Incentive)	0,000만원 ~ 0,000만원
14. 복리후생	4대 보험
15. 외국어(영어, 기타)	2월 중
16. PC 관련 활용 능력	MS office 능통, 데이터 검증을 위한 SQL 능통
17. 근무일/시간	5일
18. 채용 목표일	2월 중
키워드	- test, test enginner, test manager, testcase, 테스트, 검증, 테스터, 테스트케이스, 품질보증, 출하검사, ISTQB(테스팅자격증), KOSA(경력증빙) - 금융, 은행, 캐피탈, 여신, 시스템 - 연수, 영어, 해외근무, 해외 출장

[JD 2]

금융회사 IT 시스템 운영 및 개발 경력 필수
- 금융회사 시스템 Process 이해
- 시스템 운영 및 개발(SQL 필수, Java 또는 .Net 개발 경험 우대)

영어 Skill(상) 필수
- 인도 개발자와 Communication에 전혀 문제가 없어야 합니다.
- 시스템 구현, 결함에 대한 Detail한 내용을 공유하고 Feedback을 받아야 합니다.

프로젝트 경험 우대
- 프로젝트 관리 경험 우대
- 프로젝트 팀원 또는 개발 리더 경험 우대

기존 [JD 1]로 후보자 검색을 할 때는 5~6년의 Test manager로서의 경험이 있고, 금융업에 관련된 직종(금융, 은행, 캐피탈, 여신 등)에 있었으며 영어능력은 중급 정도의 분들을 위주로 이력서 검토를 하였다. 하지만 이 포지션은 재 진행 건이었고, 100명이 넘는 후보자에게 컨택을 했었기 때문에 추천할 수 있는 인원이 많지 않았다. 몇 안 되는 인원들도 직종변환, 고용형태, 담당업무 등의 이유로 지원의사가 없음을 밝혔다. 그러던 중 원활한 업무 진행을 위해 논의 끝에 [JD 2]라는 이전보다 더 명확한 JD로 수정되었다.

[JD 1]로 키워드 검색을 할 때 'Test manager 종사자'에 중점을 뒀다면 수정된 [JD 2]로 검색 할 때는 '금융 IT 종사자'에 중점을 두고 검색을 했다.

[JD 1 키워드검색]

경력 ⊠ 5년 ↑ ⊠ 학력 : 대학교 4년 ⊠ 학력 : 대학원 석/박사 ⊠ 학력 : 재학·휴학·수료·중퇴·자퇴 제외 ⊠ 희망 근무지역 : 서울 ⊠ 어학시험 : 영어 ⊠
키워드 : ISTQB ⊠ 그리고(And)검색 : 테스트매니저 ⊠

[JD 2 키워드검색]

경력 ⊠ 3년 ↑ ⊠ 학력 : 대학교 4년 ⊠ 학력 : 대학원 석/박사 ⊠ 학력 : 재학·휴학·수료·중퇴·자퇴 제외 ⊠ 희망 근무지역 : 서울 ⊠ 어학시험 : 영어 ⊠
희망 직종 : IT·인터넷 > 시스템개발 ⊠ 키워드 : 테스트매니저 ⊠ 또는(or)검색 : 금융it ⊠

[JD 1]에서 업무 능력이 뛰어난 후보자를 찾기 위해 테스트 매니저로 5~6년 경력을 가졌고 테스팅자격증인 ISTQB를 소유하고 있는 19명의 후보자에 컨텍을 했다. 이 중 1명의 후보자로부터 이력서 회신이 왔지만 아쉽게 업무상 전화 영어는 불가능하다하여 지원을 번복한 바이다.

[JD2]를 검색할 때는 전문적으로 테스트 직무를 3년 이상 한 경력을 가졌고 희망 직종은 시스템 개발, 키워드는 테스트 매니저 또는 금융IT 검색을 하였다. 키워드를 두 가지로 검색한 이유는 시스템을 잘 다룰 수 있는 전문적인 테스트 매니저와 금융 회사의 IT 시스템을 잘 이해하고 있는 경력자를 추천하기 위해 테스트 매니저, 금융IT 두 가지의 키워드를 사용하였다. 그리고 [JD 2]에서 필수 항목인 영어 스킬(상)을 충족하기 위해 토익 850점 이상의 이력서들을 위주로 확인을 하였고 그 결과 다음과 같은 이력이 검색되었다.

[JD 2 검색 이력]

(경력5년 9개월) 제1,2 금융권 전산경력 있습니다.
OO대학교(서울) 컴퓨터공학
OOO(비공개) | IT본부 (대리) | 5년 9개월 ▼
TOEIC 905점, OCP 10g ▼ | 5,000~6,000만원 | 서울, 경기, 인천
서버관리, 정보보안, Unix, Linux, CC++, Java, Pro-C, 어셈블리, Embedded, Orade, MS-SQL, DW, DBA, DB2
[핵심역량] PL1, COBOL 언어 실무경험있습니다.

"금융it" ▶ 경력기술서에 포함되어 있습니다.

위의 그림은 [JD 2]로 검색된 이력으로 총 경력 5년 9개월, 금융권 전산 경력 有, IT본부 경력, 토익 905점, 연봉 0,000~0,000만원으로 JD에 적합하다고 판단, 이렇게 적합한 이력을 가진 후보자에게는 기업에 대한 설명과 포지션에 대한 상세 내용을 메일로 전달함으로써 접촉을 시도했다.

후속 이메일 사례

📎 일반 첨부파일 총 1건(31,22KB) 전체 다운로드

피플케_이력서샘플.docx 31.22KB 미리보기

안녕하세요, OOO대리님,
"피플케어(www.peoplecare.co.kr)의 OOO입니다.
아래 내용 보시고 지원의사 여부에 대해 답변 부탁드리며,
지원의사가 있으실 경우, 첨부된 이력서를 작성하시거나, 가지고 계신 국문이력서(워드형식)를 첨부하여 회신하여 주시길 바랍니다.
지원의사가 없으시다면, 지원의사가 없다는 내용의 회신을 부탁드립니다.

**회사명 : OOO코리아(https://www.OOO.co.kr/)
2001년 O월 O일에 설립된 대출 캐피탈 여신 업종의 여신금융 할부금 시설대여(리스) 사업을 하는 1000대기업이며, 자본금은 OOOO억원이고 사원수는 OOO명(2022년 기준)입니다.

**포지션 : IT부서/Test Manager, Senior급

》담당 업무
- Business/System Flow 고려한 Test 계획 수립
- 단원, 통합, 사용자, Regression 테스트 Leading
- 결함 관리 및 해외 개발 업체에 수정내용 전달
- Test 결과 보고
- 운영이관 및 Sanity Test 진행

》우대 사항
- 3년 이상 테스팅 경험이 있고 금융회사 system process에 대한 이해도가 높은 자
- 영어 커뮤니케이션에 능하며, 테스트 진척 관리를 책임감있게 진행할 수 있는 자
- SOL 활용 가능한 자

》기타
- 근무지 : 서울시 OO OO
- 고용 형태 : 정규직
- 급여 : 면접 후 협의

문의사항 있으시면 언제든 연락 주시기 바랍니다.
감사합니다.

이메일 제목은 <[후보자명님] 포지션 명 소개의 건-헤드헌팅 회사명>으로, 한 눈에 후보자가 볼 수 있도록 기재하며 이메일 내용은 간단한 자기소개 및 추천하고자 하는 회사의 간략한 소개와 담당업무에 대한 내용을 기재한다. 대신 담당업무, 우대사항, 필수사항 등 항목을 나누어 기재하며 중요한 사항에는 진한 굵기 표시 또는 색을 주어 강조를 해주면 후보자가 보다 쉽게 확인이 가능하다.

포지션에 대한 메일을 보내고 함께 기재해 둔 휴대폰 번호로 문자를 남긴다.

<안녕하세요 OOO님, 헤드헌팅회사 피플케어 컨설턴트 OOO입니다. 잡포털의 이력서를 보고 추천 드리고 싶은 'B사의 IT test manager' 포지션이 있어 메일로 먼저 안내 드렸습니다. 검토 후 지원의사 여부에 대해 메일이나 문자로 답변 부탁 드리겠습니다. 감사합니다. J>

후보자는 검토 후 지원의사에 대해 메일 또는 문자로 지원의사 여부에 대해 답변을 준다.

앞 페이지와 같은 [JD 2 검색 이력]에 나타난 후보자의 경우에는 본인 이력서를 회신함으로써 지원의사를 밝힌 바이다.

일반 첨부파일 총 1건 (77.5KB) 전체 다운로드

피플케__이력서샘플.docx 77.5KB 미리보기

국문이력서 첨부합니다.

국문이력서

입 사 지 원 서

인적사항

photo

- 성　　명 :
- 지원부문 :
- 생년월일 :
- 주　　소 :
- 전화번호 :
- 이 메 일 :
- 입사가능일 :

업무상 강점 및 핵심역량

-
-
-
-
-

학력사항

- 2000.03~2000.02　　**대학교 대학원 ***학과 졸업
- 2000.03~2000.02　　**대학교 ***학과 졸업
- 2000.03~2000.02　　**고등학교 졸업

경력사항 (총 경력　　년　　개월)

- 2000.00~2000.00　　*******㈜부서/직위
- 2000.00~2000.00　　*******㈜부서/직위
- 2000.00~2000.00　　*******㈜부서/직위

이렇게 받은 이력서를 가지고 후보자에게 확인 전화를 한다. 간단한 소개와 메일 회신에 대해 감사 인사를 하고 확인하고자 하는 부분을 명확히 물어본다. 이번 포지션의 경우, 담당 개발자인 외국인과 커뮤니케이션이 원활해야 하므로 영어 회화 수준에 대해 문의했고 일상 회화는 가능하다는 답변을 받고 보내준 이력서 파일의 이름을 보기 쉽게 수정한 후 채용 담당자에게 전달한다.

★ **OOO_IT test manager_후보자 이력서 (1)**
보낸사람 : OOO@peoplecare.co.kr
ⓘ 최근 이 메일에 대한 전달을 2018-05-11 08:53:03 에 하셨습니다.

일반 첨부파일 총 1건(77.5KB) 전체 다운로드
입사지원서_OOO_IT test manager_OOO.doc 77.5KB 미리보기

안녕하세요, OO님,

OOO IT test manager 건 회신 주신 이력서가 있어 전달드립니다.

확인 부탁드리겠습니다

감사합니다 :)
OOO 드림

영문이력서 예시

영 문 이 름

Birth Date :
Seoul, S. Korea

1. APPLYING POSITION

PR Specialist

2. EDUCATION

**** University
Seoul, South Korea
College of Liberal Arts:
Philosophy
College of Social Sciences:
Political Science and Diplomacy
GPA: 3.8 / 4.5
Grad. February 2013

3. PROFESSIONAL EXPERIENCE

1) ***** Inc. (Sales & MKT Department)
Seoul, South Korea

Account Manager
December 2014 ~ Present

- Experience account manager working in camera industry, especially for automotive and mobile fields
- Manage 10+ major and 30+ minor accounts in domestic and overseas

- A self-starter with proven success in sales increase about US$30M+ sales and 4M+ shipments in 2018
- Visit 3+ domestic customers per a week and 10+ overseas per a quarter for building a closer relationship and having VOCs
- Reply 100% of call and e-mail based on my own principle and send a reply with a proto-solution within 12 hours

Project Manager

April 2017 ~ Present

- Experience project manager dealing with 20+ PJT per a year, especially for camera components on automotive and mobile industries
- Manage and support camera hardware development for autonomous system, RVC/AVM, and LWIR camera with NA and EU customers
- Familiar with advanced technology and trend of 4th industrial revolution
- Establish a roadmap for NPI and MP from 2017~2025 via co-working with partners like image sensor supplier and module integrator
- Outstanding catcher understanding and organizing customer's needs and internal direction well

Marketing Manager

February 2910 ~ Present

- Pioneer and explore new markets with 3D depth sensing and ToF technologies based
- Promote IoT device and transportation counting system to NA and EU with partners
- Discover potential customer and advanced technology through operating 10+ global exhibitions
- Marked 23% as operating profit in 2018 by a strict analysis of net cost and outstanding negotiation skill

파일명은 지원하는 〈회사명_포지션_후보자명〉으로 수정한다. 이렇게 메일을 전달받은 담당자는 채용매니저에게 전달하여 서류 면접 결과를 받는다. 외국인과의 소통이 중요한 업무로 외국인관리자가 직접 인터뷰를 진행하게 되면서 필요한 영문 이력서를 위와 같은 방법으로 회신 받아 채용 담당자에게 전달한다. 이때 후보자와 통화 시 외국인관리자가 직접 인터뷰를 할 것이고 영어 능력이 높아야 함을 다시 한 번 강조한다.

영문이력서까지 서류 합격이 되면 후보자와 채용담당자간의 인터뷰 날짜 조율을 하고 면접진행을 하게 된다.

3. 취업사이트 별 채용공고 등록

고객사와 협의 후 가능한 경우 구인요청내역서를 기반으로 취업 사이트에 채용공고를 등록한다. 채용공고 등록 시 실근무기업과 연봉은 가급적 오픈하지 않도록 유의한다. 지원 서류는 담당 헤드헌터 이메일로 직접 받는 것을 권장하며 현재/희망 연봉과 이직사유를 기재한 상세 경력 중심 이력서를 MS-Word 파일로 제출할 수 있도록 안내한다.

1) 사람인

(1) 채용공고 등록하기

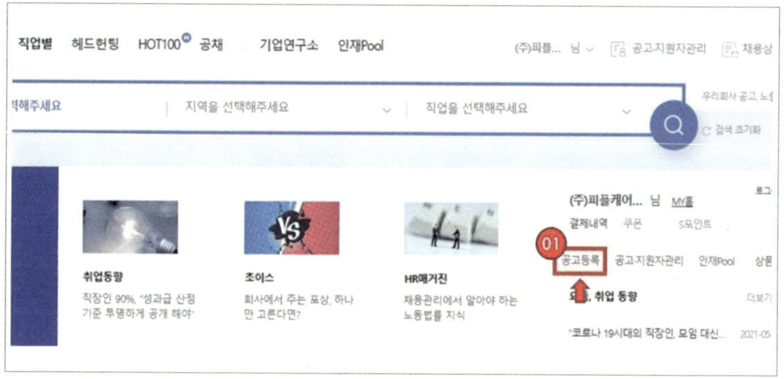

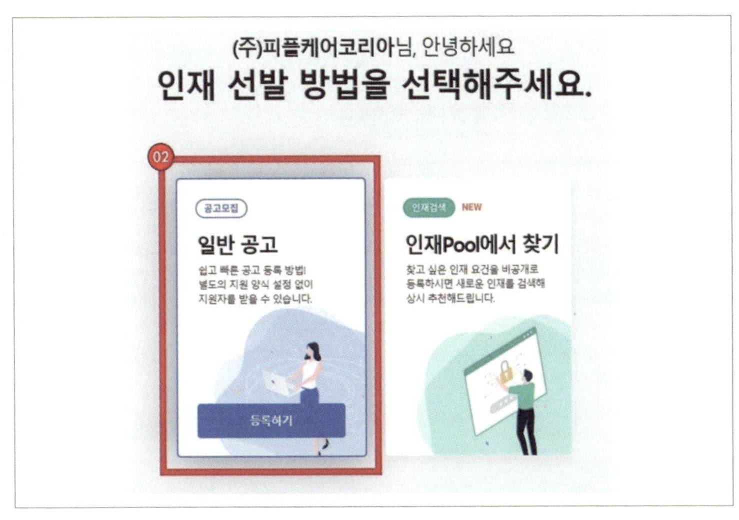

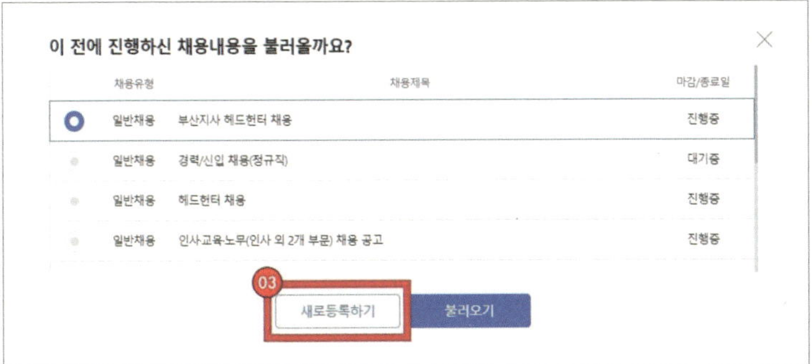

01. 사람인 사이트에 로그인 후 우측 회원정보란의 “공고등록”을 클릭한다.
02. 왼쪽 일반 공고를 선택하여 등록하기를 클릭한다.
03. 신규 채용공고는 “새로 등록하기”를 클릭하여 시작한다.

(2) 채용공고 작성하기

담당자 정보
먼저 인사담당자님과 기업 정보가 맞는지 확인해주세요

01
담당자 성함 필수 담당자명 입력 (선택) 담당자 부서명
전화번호 필수
휴대폰 번호
이메일 주소 필수 이메일 주소를 입력해주세요
업종 필수 업종은 최대 1개 선택할 수 있습니다 수정추가하기
대표 근무지역 필수 해외지역 재택근무 가능
서울 강남구 영동대로 지도위치확인
인근지역 추가
복리후생 인센티브제 × 상여금 × 장기근속자 포상 × 우수사원포상 × 퇴직금 × 건강검진 × 수정추가하기
각종 경조사 지원 × 휴일(특근)수당 × 명절선물/귀향비 × 창립일선물지급 × 4대 보험 ×

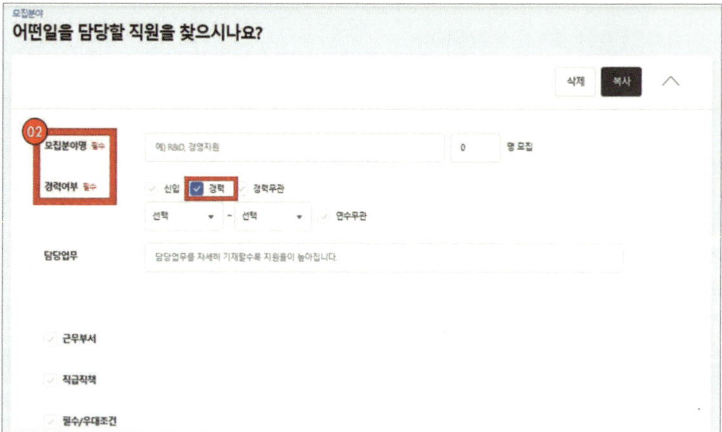

01. 채용공고를 작성하는 담당 컨설턴트의 필수정보를 기입한다.

02. 직무와 희망경력을 작성한다. 이때 경력 범위를 본래보다 크게 잡아 지원자 인재풀을 넓히는 방법도 있다.

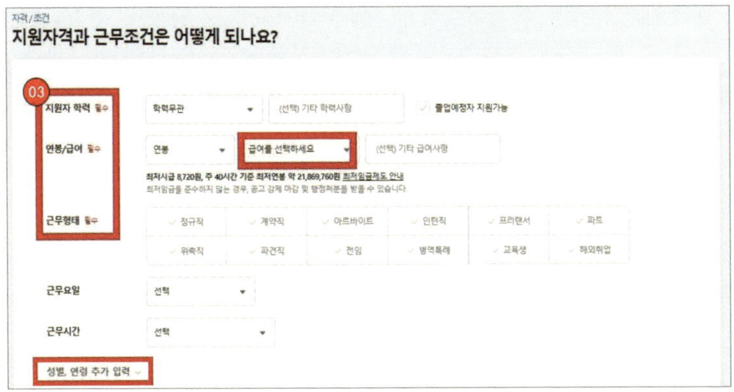

03. 지원 자격과 근무조건을 입력한다. 연봉/급여는 대부분 면접 후 결정 또는 협의 후 결정으로 입력하고, 연봉 오픈은 인재 접촉 이후 하는 편이다.

지원자의 성별/연령을 제한할 시 고용 관련 법률에 의거하여 불이익이 있을 수 있기 때문에 주의하여 작성한다.

04. 이력서 및 자기소개서는 MS-Word파일로 제출받고 컨설턴트 이메일로 직접 지원할 수 있도록 하는 것이 편리하다. 이메일은 채용공고 하단에 직접 입력하거나 담당자 정보에서 입력할 수 있다.

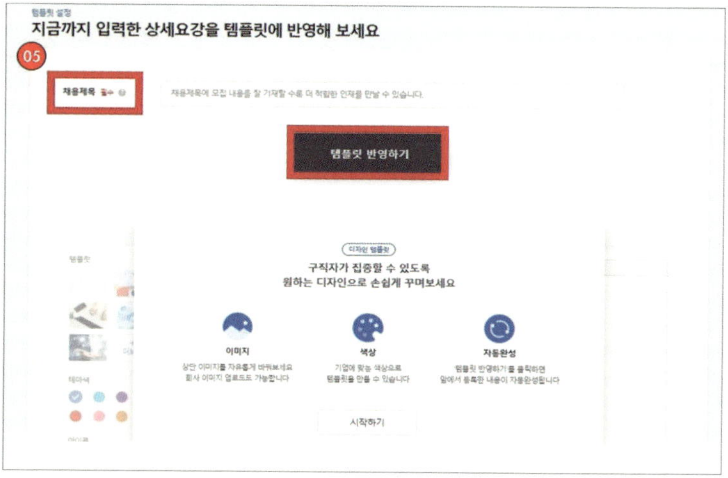

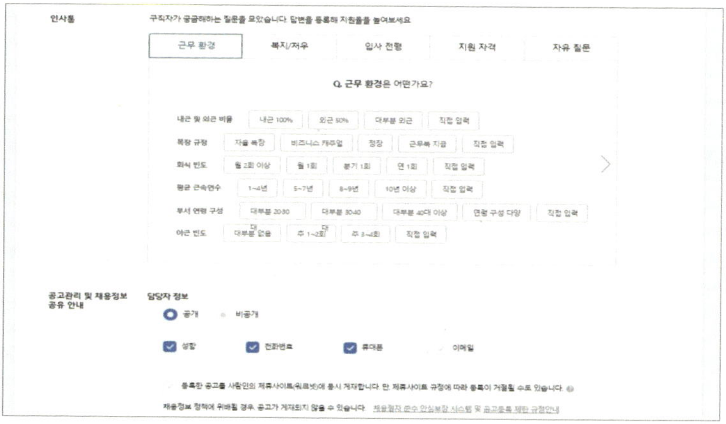

템플릿 설정
지금까지 입력한 상세요강을 템플릿에 반영해 보세요
05
채용제목 필수
채용제목에 모집 내용을 잘 기재할 수록 더 적합한 인재를 만날 수 있습니다.
템플릿 반영하기
디자인 템플릿
구직자가 집중할 수 있도록
원하는 디자인으로 손쉽게 꾸며보세요
이미지
상단 이미지를 자유롭게 바꿔보세요
회사 이미지 업로드도 가능합니다
색상
기업에 맞는 색상으로
템플릿을 만들 수 있습니다
자동완성
템플릿 반영하기를 클릭하면
앞에서 등록한 내용이 자동완성됩니다
시작하기

인사통
구직자가 궁금해하는 질문을 모았습니다. 답변을 등록해 지원률을 높여보세요
근무 환경 복지/처우 입사 전형 지원 자격 자유 질문
Q. 근무 환경은 어떤가요?
내근 및 외근 비율: 내근 100% / 외근 50% / 대부분 외근 / 직접 입력
복장 규정: 자율 복장 / 비즈니스 캐주얼 / 정장 / 근무복 지급 / 직접 입력
회식 빈도: 월 2회 이상 / 월 1회 / 분기 1회 / 연 1회 / 직접 입력
평균 근속연수: 1~4년 / 5~7년 / 8~9년 / 10년 이상 / 직접 입력
부서 연령 구성: 대부분 2030 / 대부분 3040 / 대부분 40대 이상 / 연령 구성 다양 / 직접 입력
야근 빈도: 대부분 없음 / 주 1~2회 / 주 3~4회 / 직접 입력

공고관리 및 채용정보 공유 안내
담당자 정보
공개 비공개
성함 전화번호 휴대폰 이메일
등록한 공고를 사람인의 제휴사이트(워크넷)에 동시 게재합니다. 단, 제휴사이트 규정에 따라 등록이 거절될 수도 있습니다.
채용정보 정책에 위배될 경우, 공고가 게재되지 않을 수 있습니다. 채용절차 준수 안심보장 시스템 및 공고등록 제한 규정안내

05-1. 채용제목을 입력한다. 채용제목은 가장 중요한 항목이다. 기업명은 노출하지 않으면서 최대한 고객사의 긍정적인 부분을 강조할 수 있는 문구를 설정한다.

05-2. 기호에 따라 채용사이트 양식의 템플릿을 사용하거나 직접 입력하여 채용공고 작성을 완료한다. 채용공고 하단에 담당컨설턴트의 이름, 연락처, 이메일 주소를 기입하여 담당자 이메일로 직접 지원받거나 지원자와 소통을 용이하게 할 수 있도록 한다.

05-3. 선택사항으로 인사통/담당자 정보를 입력하고 채용공고 등록을 완료한다.

2) 잡코리아

(1) 채용공고 등록하기

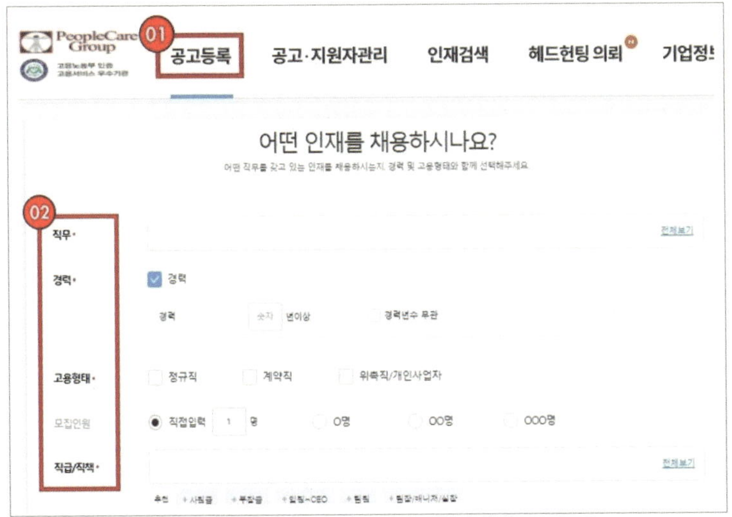

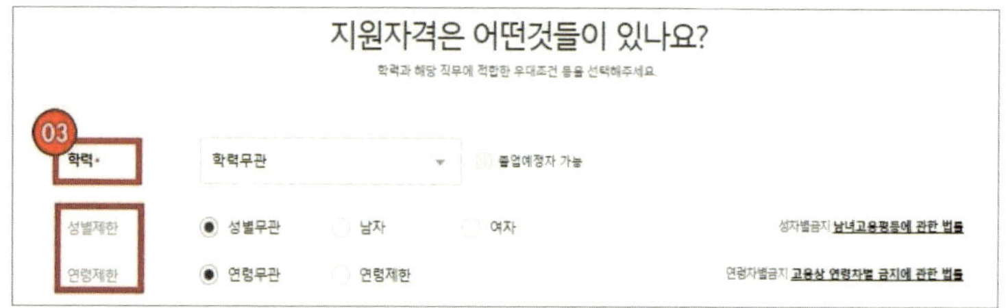

01. 잡코리아 사이트 로그인 후 좌측 상단의 "공고등록"을 클릭한다.
02. 직무, 경력, 고용형태, 직급/직책 등 고객사의 요구사항에 맞추어 필수내역을 입력한다.
03. 필수조건으로 학력을 입력하고, 선택사항으로 우대조건을 입력한다. 단, 성별 및 연령 제한은 관련 법률에 의거하여 작성 시 불이익이 발생할 수 있으니 주의한다.

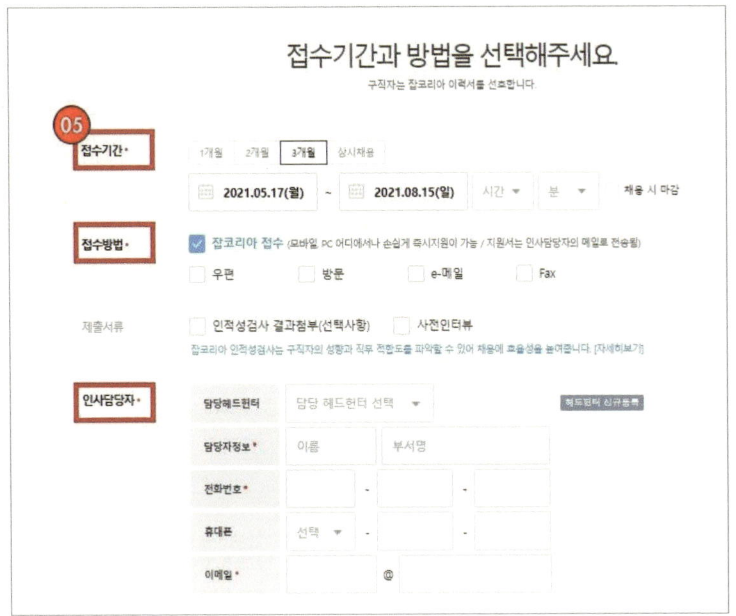

04. 근무조건을 입력한다. 급여는 채용단계에서 오픈하지 않으며 면접/협의 후 결정 등으로 체크한다.

05. 접수와 인사담당자 항목을 입력한다. 담당 헤드헌터 이메일로도 즉시 지원을 받을 수 있도록 체크한다.

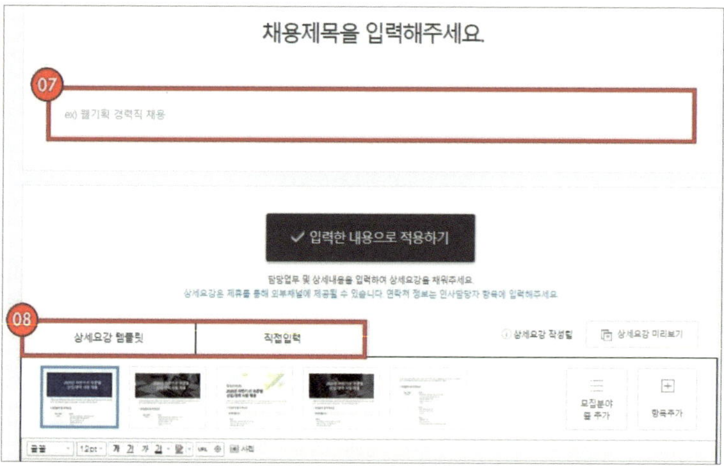

06. 실근무기업은 항상 "구직자에게 기업명 비노출"을 체크하여 채용공고에서는 오픈하지 않도록 한다.

07. 기업의 긍정적인 부분을 강조하는 문구, 직무, 직급 등을 활용하여 채용제목을 입력한다.

08. 개인의 선호에 따라 잡코리아 양식을 적용하거나 직접 입력하여 채용공고 등록을 완료한다. 하단에 추가 작성으로 국문이력서/자기소개서 1부(MS-Word파일) 등 제출서류와 양식을 안내한다.

3) 인크루트

(1) 채용공고 등록하기

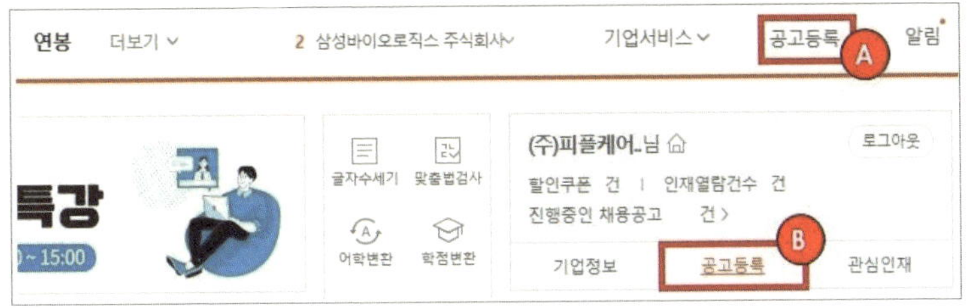

A방식. 인크루트 사이트에 로그인 후 우측 상단의 공고 등록 버튼을 클릭한다.

B방식. 인크루트 사이트에 로그인 후 회원정보란 하단의 공고 등록 버튼을 클릭한다.

(2) 채용공고 작성하기

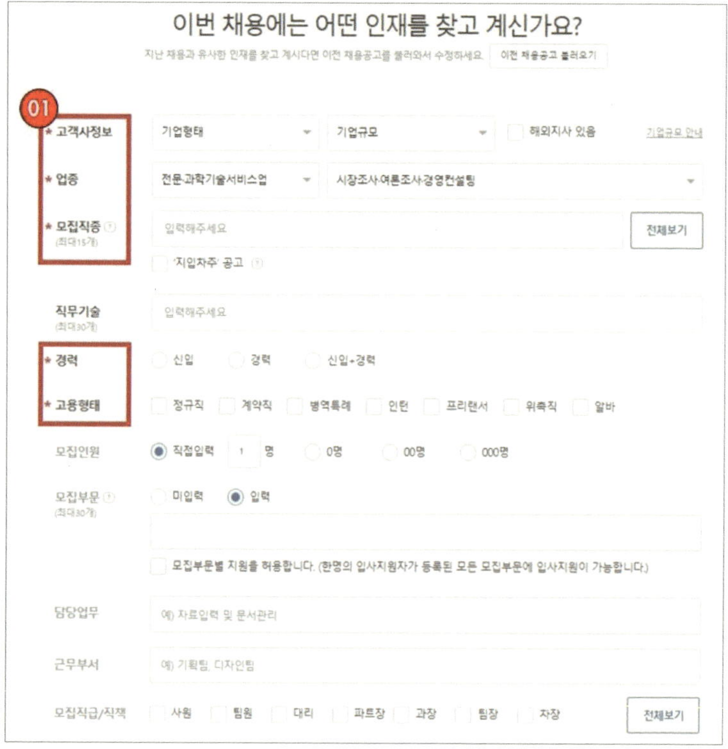

01. 채용기업 정보, 채용 조건 등 필수항목을 입력한다.

+) 아래 모집부문 항목을 설정하면 하나의 공고에서 여러 부문별 모집을 할 수 있으며, 지원자가 모집분야를 선택하여 지원할 수 있다.

02. 학력 조건을 입력한다. 인크루트는 고용상 학력차별 금지에 관한 법률에 따라 무관으로 설정할 것을 권장하고 있다.

03. 연령/성별 부분 또한 인크루트는 관련 법률에 따라 무관으로 설정할 것을 권장하고 있다. 채용공고에 기재한 "OO세 이하", "19OO년 이후 출생자", "20OO년 졸업자", "대학 졸업 후 2년 이내" 등의 직·간접적인 연령제한 문구를 인크루트에서 삭제하여 게재한 사례가 있으니 각별히 주의한다.

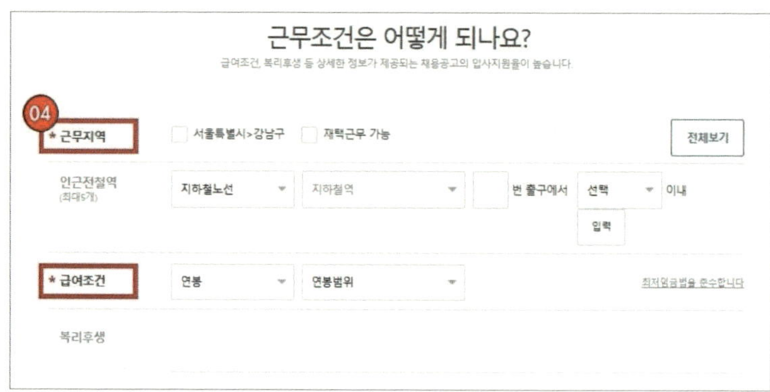

04. 근무지역과 급여조건을 입력한다. 급여는 면접 후 결정 등으로 선택하여 연봉조건을 비공개할 수 있다.

05. 접수방식은 담당 컨설턴트 이메일로, 접수양식은 자유양식이되 MS-Word파일로 접수받는 것을 권장한다. 인크루트 이력서로 제출 받을 시 고객사에 보낼 이력서를 다시 작성해야 하는 번거로움이 있다.

06. 인크루트 디자인 양식 또는 자유양식을 적용하여 채용공고 작성을 완료한다. 하단에 제출할 서류, 담당 헤드헌터 연락처(이메일 포함)를 기재하여 컨설턴트 메일로 직접 접수 받을 수

있도록 안내한다.

채용공고 제목을 입력한다. 간단한 회사소개 단어, 직무, 직급을 활용하여 작성하면 좋다.

“워크넷에 함께 게재”를 체크하면 워크넷 사이트에 채용공고가 동시에 게재되지만 근로시간이나 임금조건이 불명확한 경우에는 게재되지 않는다.

4) 피플앤잡

피플앤잡은 외국계 기업 취업 전문 사이트를 지향하며 운영되고 있다. 외국계 기업의 경우 국문서류와 영문서류 각 1부를 MS-Word파일로 제출하도록 안내한다.

(1) 채용공고 등록하기

① A방식

A. 피플앤잡 사이트에 로그인 후 우측 최상단의 “채용공고 등록” 버튼을 클릭한다.

② B방식

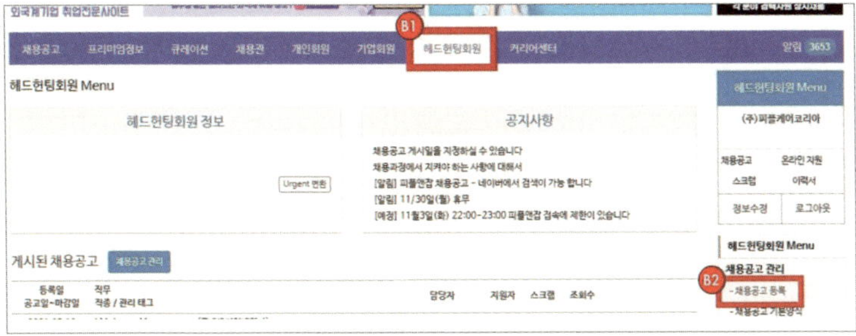

B. 피플앤잡 사이트에 로그인 후 상단 중앙 부분의 B1. "헤드헌팅회원" 클릭 후 우측 헤드헌팅회원 메뉴의 B2. "채용공고 등록"을 클릭한다.

(2) 채용공고 작성하기

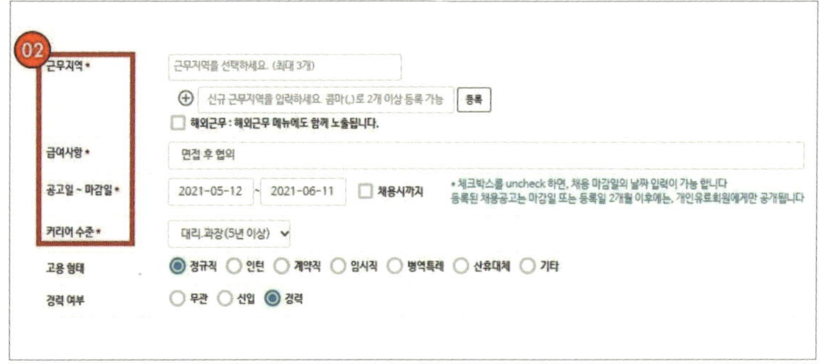

01. 고객사의 구인요청내역서를 기반으로 필수항목을 작성한다. 직무 항목은 채용공고의 제목으로서 필요에 따라 간단한 회사소개 단어, 직급 등을 포함하여 작성할 수 있다.

예 경영기획(과장급 1명) - 대기업 계열사 / AI 개발자(팀장급) - 코스닥 상장 강소기업 응모자격란에 우대사항도 함께 적는다.

02. 급여사항은 면접 후 협의로 보통 채용공고단계에서 오픈하지 않는다. 커리어 수준은 채용공고 등록 시 채용공고 타이틀 옆에 표시된다.

03

채용 방법

전형방법 *

제출서류 *

이력서 양식 • 이력서 양식은 [채용공고 기본양식]에서 등록된 파일이 보여집니다.

• 별도 이력서 양식을 사용하실 경우에만 파일을 첨부해주세요.

파일 업로드 (최대 4개)

이력서 양식 다운로드 이력서 양식을 다운받는 별도 주소가 있을 경우에만 입력해주세요.

접수방법 *
- 피플앤잡 온라인 지원 — 지원 즉시 [알림] 메일을 받아볼 수 있고, 지원 내역 관리가 가능합니다.
- 이메일
- 홈페이지
- 기타방법

기타사항

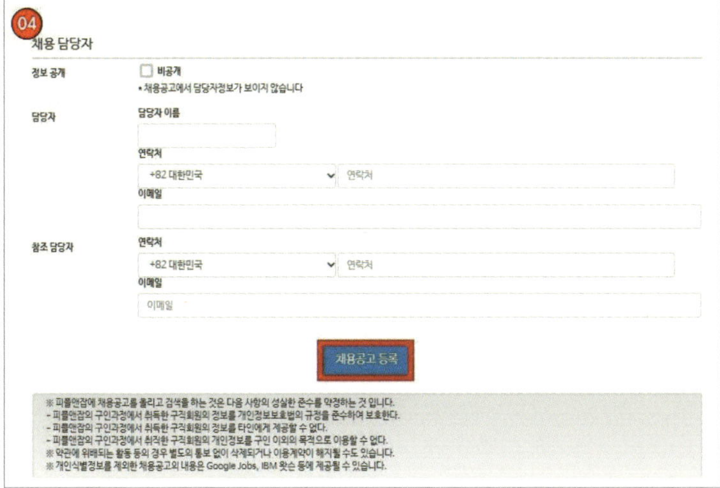
04

채용 담당자

정보 공개 비공개

• 채용공고에서 담당자정보가 보이지 않습니다

담당자 담당자 이름

연락처 +82 대한민국 연락처

이메일

참조 담당자 연락처 +82 대한민국 연락처

이메일 이메일

채용공고 등록

※ 피플앤잡에 채용공고를 올리고 검색을 하는 것은 다음 사항의 성실한 준수를 약정하는 것 입니다.
- 피플앤잡의 구인과정에서 취득한 구직회원의 정보를 개인정보보호법의 규정을 준수하여 보호한다.
- 피플앤잡의 구인과정에서 취득한 구직회원의 정보를 타인에게 제공할 수 없다.
- 피플앤잡의 구인과정에서 취작한 구직회원의 개인정보를 구인 이외의 목적으로 이용할 수 없다.
※ 약관에 위배되는 활동 등의 경우 별도의 통보 없이 삭제되거나 이용계약이 해지될 수도 있습니다.
※ 개인식별정보를 제외한 채용공고의 내용은 Google Jobs, IBM 왓슨 등에 제공될 수 있습니다.

03. 제출서류 항목에서 모든 파일은 MS-Word파일로 제출 받을 수 있도록 안내한다. 외국계 기업의 경우 필요시 영문 이력서도

함께 받으면 좋다.

이력서 파일을 별도의 수정 없이 바로 받아보는 등 과정상의 편리함을 위해 담당 헤드헌터 이메일로 접수 받을 것을 권장한다.

04. 선택사항으로 채용 관련 문의를 받을 담당 컨설턴트의 연락처를 입력하고 채용공고 등록 버튼을 눌러 마무리한다.

5) 리멤버 커리어

(1) 채용공고 등록하기

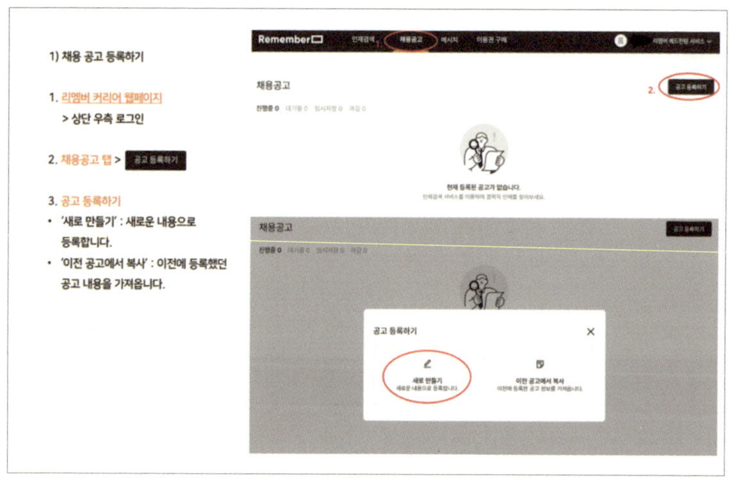

(2) 채용공고 작성하기

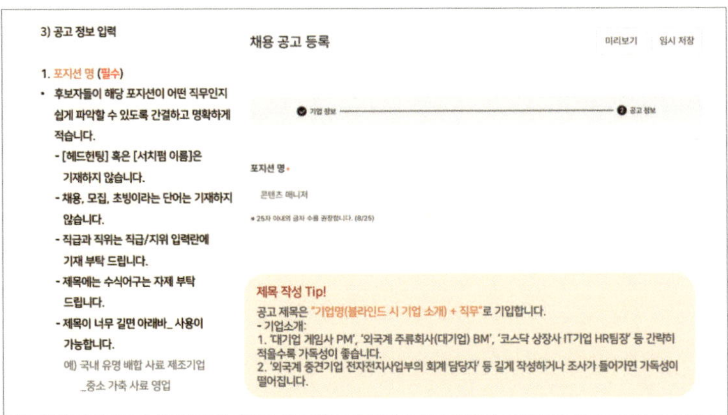

채용기업 정보, 채용 조건 등 필수항목을 입력한다.

4. 이력서

짧게 요약된 이력서는 후보자 자신을 알릴 수 있는 좋은 기회이다.

헤드헌터 입장에서 잘 정리된 이력서는 이상적인 영업 도구이다.

아무리 뛰어난 경력의 후보자도 이력서 없이 채용되는 경우는 없다.

이력서를 쓸 때는 후보자 자신의 입장이 아니라, 이력서를 보는 채용 기업 입장에서 작성해야 한다. 후보자 자신을 파는 것이므로 정성껏 준비해야 한다.

구인 기업의 채용 담당이 이력서 한 장을 보는데 걸리는 시간은 평균 30초, 길어야 2분을 넘지 않는다. 만약 채용 담당의 시선을 2분 이상 붙들어 둘 수 있는 이력서라고 하면 서류 전형은 거의 통과할 가능성이 높다. 그러므로 면접에 앞서 서류 전형을 통과하려면, 채용 담당이 2분 이상 읽게 하는 이력서가 되도록 작성하는 것이 중요하다.

그래서 이력서를 작성할 때는 곧바로 정곡을 찔러서, 구인 기업이 후보자를 채용해야 하는 이유를 한마디로 설명해 줄 필요가 있다.

거창한 학력이나 A를 쭉 깔아놓은 성적표보다도, 과거에 '무엇을 어떻게 했는지' 앞으로 '무엇을 얼마나 잘 할 수 있을지'를 보여주는 것이 훨씬 더 중요하다.

효과적으로 작성한 이력서는 구체적인 업적으로 후보자 자신을 홍보한다.

회사는 어려움을 이겨내고 성공적으로 일을 수행할 수 있는 사람들을 찾고 있다. 어느 회사 어떤 부서에서 무슨 업무를 담당했으며, 어떤 실적을 올렸느냐를 중점적으로 말한다. 여기서 구체적인 숫자를 나열해도 좋다.

이렇게 가장 핵심적인 사항을 적었으면 다음으로 그 후보자가 향후 얼마나 발전할 수 있을지에 대해 신뢰를 줄 수 있는 부가적인 내용이 들어가는 것이 좋다.

연수나 훈련을 받은 경험, 자격증, 수상 또는 포상 경력, 외국어 인증 시험 성적 등은 객관적이고 신뢰할 만한 잣대가 된다.

이렇게 준비를 해서 정말 가고 싶은 회사가 정해졌다면, 이번에는 그 회사의 구미에 맞는 '맞춤 이력서'로 업그레이드할 필요가 있다. 요즘은 대부분 기업이 홈페이지를 갖고 있기 때문에 내가 어떤 부분에 중점을 두어서 '맞춤 이력서'를 써야 하는지 정보를 얻기 쉽다. 조금만 부지런하면 그만큼 유리한 위치에서 경쟁할 수 있다.

이력서나 자기소개서는 기본적으로 후보자 본인이 하며, 헤드헌터가 이력서를 받아보고 부족한 부분이 있을 때는 면접 전에 코칭하고 보완하도록 돕는다.

다음과 같은 내용으로 이력서 코치를 한다.

첫째, 직무 성과를 요약해서 보여주어라.

둘째, 후보자 본인의 이력 전부를 첫째 페이지 한 장에 모두 요약해라. 면접관이 후보자 이력의 주요 내용을 파악하기 위해 둘째, 셋째 페이지를 열어볼 필요가 없도록 하기 위해서다. 상세 이력은 둘째 페이지부터 보여줄 수 있다.

Peoplecare Korea 이력서 예시

(주) 피플케어 코리아

입 사 지 원 서

인적사항

photo

- 성 명 :
- 지 원 부 문 :
- 생 년 월 일 :
- 주 소 :
- 전 화 번 호 :
- 이 메 일 :
- 입사가능일 :

업무상 강점 및 핵심역량

-
-
-
-
-

학력사항

- 2000.03~2000.02 **대학교 대학원 ***학과 졸업
- 2000.03~2000.02 **대학교 ***학과 졸업
- 2000.03~2000.02 **고등학교 졸업

경력사항 (총 경력 년 개월)

- 2000.00~2000.00 *******㈜부서/직위
- 2000.00~2000.00 *******㈜부서/직위
- 2000.00~2000.00 *******㈜부서/직위

상세경력 (최근 회사부터 역순으로 작성. 지원하는 포지션에 맞는 경력/역량 위주로 자세하게 필요한 내용 모두 작성)

회사명 / 부서명 / 직책 (20xx.xx ~ 현재)

회사소개 : 사업부문/ 종업원수: 약 xxx명/ 연매출: 약 xxx억원

- (주요업무, 진행 프로젝트, 성과 등을 구체적으로 작성해주세요)
- "ABC" 제품 성공적 런칭, 매출 100억
- 신규 카테고리 창출, 신제품 개발 프로세스 정립

퇴사/이직희망사유 : (진솔하고 설득력 있게 기재해 주세요)

회사명 / 부서명 / 직책 (20xx.xx ~ 20xx.xx)

회사소개: 사업부문/ 종업원수: 약 xxx명/ 연매출: 약 xxx억원

퇴사사유 : (진솔하고 설득력 있게 기재해 주세요)

기타 경력 및 역량 (해당없는 항목은 삭제, 추가할 항목은 제목 추가 후 기재)

[외국어] (기한이 만료되었더라도 고득점은 기입)

2015.01.24　　영어 TOEIC 830점 / (일반적 시험이 아닐 경우 평가기관명 기재)

2015.05.15　　영어 IELTS 8.5급

2014.01.08　　중국어 HSK 5급 200점

예 원어민수준(회화, 작문), 비즈니스영어가능(회화, 작문), 일상생활영어가능(회화, 작문)

[해외 활동 및 연수 경력]

2010.01~2010.12　　미국어학연수 : LA OOO Language School Advanced Level 수료

2008.05~2008.06　　한국산업인력센터 XXX 과정 수료

[인턴경력/기타활동]

1998.02~2000.06　　소속회사 / 부서

- 업무 내용 및 성과

[자격사항]

2012.01.01　　정보처리기사 [산업인력관리공단]

2008.01.01　　운전면허1종 보통 [서울경찰청]

[수상내역]

2000.01.01　　한국마케팅 협회 OOO공모전 입선

[기타사항]

2012.01.01

[병　역]

1998.02~2000.06　　육군병장 운전병 만기제대

자 기(경력) 소 개 서

※ 경력 및 핵심역량 위주로 원하는 내용을 자유형식으로 작성해 주세요.

처우관련

최종 직급 & 처우	
직 급	과장
기 본 연 봉	xxxx만원
성과급/인센티브	-

희망 직급 & 처우	
희 망 직 급	회사내규에 따름
희 망 연 봉	xxxx만원 (협의가능)
입사가능시기	입사결정 후 x주

* 기본연봉 : 기본급+고정 수당+고정 상여금
* 성과급/인센티브 : 정기 및 비정기 지급을 구분하여 기재
(서류 상 증빙 가능한 금액을 작성해주셔야 합니다)

상기 기재사항이 사실과 다름이 판명되었을 경우에는
합격취소, 입사취소 등의 처분에도 이의를 제기하지 아니할 것을 서약합니다.

기재한 개인정보는 입사관련 인사업무(입사지원, 계약 및 입사처리) 외에
다른 용도로 사용되지 않으며,
채용 추천을 위해 담당 헤드헌터 데이터베이스에 저장됩니다.
동의하실 경우에만 이력서를 작성해서 보내주시기 바랍니다.

20 년 xx월 xx일
지원자 : 홍 길 동 (서명)

업무 양식 3 서치리스트

202 (발생년도) - 06(발생월) - (고객사) - (Position) - 서치리스트									
No	Candidate	Age	Position	Salary/Level	Recommendation interview date	Educational background	Work experience	Contact	Remarks
1									
2									
3									
4									
5									
6									
7									
8									
9									
10									
11									
12									
13									
14									
15									
16									
17									

헤드헌팅 성공사례 ⑥

헤드헌팅을 처음 사용한 IT 벤처기업이, 인재 확보 및 영업 성공으로, (NI영업 이사를 채용하여) 채용 당시 회사 매출 약 50억 원에서 3년 후엔 회사 매출 약 200억 원으로 성장

피플케어 설립 초기, 'A기업' C 인사부장으로부터 '네트워크통합(NI) 영업 이사'를 추천해 달라는 구인요청을 받았다. 해당 분야 최고의 실적을 올릴 수 있는 영업 전문가를 원했다.

피플케어 헤드헌터 S 부장은 후보자 찾는 서치 작업을 시작했다. 당시 회사DB, 취업 사이트 및 모임에서 만났거나 소개받은 후보자 등의 이력서를 매일 100~200개씩 서치하는 작업을 시작한 5일 후, 1차로 3명을 추천했다. 그러나 3일 후에 A기업으로부터 서류 전형에서 추천자 모두 탈락되었음을 통보받아 재추천하기로 했다.

이후 S부장은 다시 후보자 서치를 해 G 씨를 찾아냈다.

유능한 후보자로 생각되는 G 씨는 국내 유수 대기업을 거쳐 벤처기업 영업부서 책임자로 근무 중이었다. 과거 직장의 영업실적은 우수했다.

당시 근무했던 IT벤처기업의 연봉에는 대체로 만족했지만, 기술력이 부족해 기업 성장 가능성이 낮다고 보아 이직하기로 했다.

A기업에 추천하기 전에, 피플케어 면접을 하려고 방문한 후보자 G 씨의 모습은 다소 의외였다.

면접 때 G 씨에게 물었다.

"G 이사님, 현재 A기업에 근무 중이신가요?"

"네, 재직 중입니다."

"그런데 운동화를 신으셨네요?"

G 씨는 웃으면서 답변했다.

"아, 이 운동화요?"

헤드헌터 S 부장 역시, 다시 웃으면서 물었다.

"예, 운동화 신는 이유가 있으세요? 좀 특별해서 여쭤보는 거예요."

"네, 제가 워낙 많은 고객사를 방문하다 보니, 구두를 신고는 영업하기가 힘들어요. 그래서 운동화를 신어요."

"예, 그러시군요."

후보자 G 씨의 말을 듣고 그가 운동화 신고 다니는 이유를 알게 되었다.

현장을 부지런히 누비고 다니는 그의 열정은 그 누구도 따르지 못할 정도였다. 그의 기본 원칙은 '영업은 발로 뛰어야 한다.'는 것이었다. 영업 노하우 역시 탁월했다. 전형적인 영업전문가였다. 과거 직장의 평판조회 결과도 영업실적을 보증할 수 있는 적임자였다.

헤드헌터 S 부장은 G 이사를 추천했다.

A 고객사에서 면접 후, G 씨는 네트워크 통합(NI) 영업이사로 채용되었다. 예상되는 영업성과에 따라 연봉을 결정함에 따라 기존 연봉보다 더 많은 연봉으로 계약하고 입사했다.

나중에 그 회사의 B 인사부장과 점심식사를 하는 자리에서 물었다.

"인사부장님, 올해 초에 입사한 G 이사님은 요즘 어떠세요?"

"네, 잘 근무하고 계세요."

"예, 그러시군요."

"아, 그리고 그분 영업성과가 아주 좋아요. 당초 기대한 이상으로 실적을 올려서, 아주 좋은 평가를 받고 있어요."

"예, 참 좋은 소식이네요."

기업고객이 만족하는 모습에 헤드헌터 S 부장은 기분이 좋았다.

그리고 곧, 이 'A기업'에서 새로운 '경력자 구인요청'이 왔다.

이렇게 거래가 시작된 이후, 다른 자리의 채용 성공이 계속되면서 'A기업'은 피플케어의 충성기업고객이 되었다.

헤드헌팅을 처음 이용할 때 A기업의 매출은 약 50억 원이었으나, 헤드헌팅을 통한 인재 확보로 인해 3년 후 매출 약 200억 원의 회사로 성장했다.

후보자 면접

서치 과정의 다음 단계는 '후보자 면접(Interview)'을 통해 고객사의 요구에 적합한 후보자를 선정하는 것이다.

1. 인터뷰 실시

인터뷰의 3가지 요소는 다음과 같다.

1) Contact - 친밀한 관계를 형성한다(establishing rapport)

2) Content - 관련된 사항을 철저하게 파악한다.(relevancy throughout)

3) Control - 목적을 이룰 수 있도록 인터뷰를 잘 이끌어 나간다.
(steering the interview to achieve your objective)

2. 질문기법

1) 개방형 질문(open question)

'예' 또는 '아니오'라는 대답 이상을 필요로 하는 질문을 말한다. 이것은 피면접자가 말하고 설명할 수 있도록 한다. 이러한 인터뷰의 주요 목적은 정보를 습득하는 것이다.

예 개방형 질문은 다음과 같이 시작한다: 어떻게(How), 왜(Why), 무엇을(What)

2) 폐쇄형 질문(closed question)

'예'와 '아니오'라는 대답을 도출하는 질문을 말한다. 면접관이 하는 질문에 대해 지원자의 답변을 들을 수는 있으나, 이러한 대답을 통해서는 지원자에 대해 많은 부분을 알 수 없으며 그들이 특정 상황에서 어떻게 반응하는 지에 대해서도 알 수 없다. 가정을 통해 알 수 있다.

Closed question은 누구(Who), 언제(When), 어디(Where)와 같은 말들로 시작된다.

예 '그것은 어디서 배웠습니까?'

피면접자가 매우 수다스러운 경우, 특히 이러한 질문들은 그들을 통제하는 데 효과적이다.

3) 심화질문(Probing Question)

지원자들이 진술하거나 질문에 완전하게 대답하지 않는 질문들에 대답하도록 하며 보다 많은 정보를 얻도록 심화질문을 할 필요가 있다.

예 '그것이 무슨 뜻입니까?' 또는 '예를 들어 설명해주시겠습니까?' 또는 '어떻게 생각하십니까?'

여러분은 또한 친근한 몸짓과 관심의 표현, 맞장구 등을 이용해 답변을 유도할 수 있다.

다만 면접관이 원하는 답변을 유도하는 질문은 아무런 도움이 되지 않기 때문에 이러한 종류의 질문은 어떠한 방법으로든 피해야 한다. 약삭빠른 피면접자는 자신에게 유리한 쪽으로 개인적인 판단을 내릴 수 있으며 면접자를 조종하려 들 수 있다.

예 '그렇다면 여러분은 ...하는 것이 더 낫다고 말하는 것입니까?' 또는 '...에 대해 동의하지 않으십니까?' 또는 '...라는 말씀이십니까?'

3. 인터뷰 스타일

지금까지 주관적인 인터뷰로 인해 발생될 수 있는 문제점들과 헤드헌터가 해야 하는 질문의 유형들에 대해 살펴보았다. 이제 지원자에 대한 올바른 정보를 얻을 수 있도록 인터뷰 스타일이나 기술에 대해 살펴보겠다.

우리가 사용하는 2가지 주요 접근방법은 무엇인가?

1) Situation(상황 접근방식)

업무수행 중에 일어날 수 있는 상황을 직무분석 연습에 따라 파악하여 기록한다. 이러한 사항들에 대해 피면접자가 가진 견해를 파악할 수 있도록 질문한다.

예 "특정 상황에서 무엇을 할 것인가?"

2) Behavioral(행동 접근방식)

면접자는 지원자의 경력에 대해, 그러한 경력을 가졌던 이유를 확실하게 알 수 있도록 중요한 삶의 변화에 대해 파악한다.

예 "...했을 때 ...을 어떻게 처리하였으며 ...왜 그렇게 행동했습니까? 그 일을 통해 무엇을 배우셨습니까?"

이러한 유형의 질문을 통해 지원자에 대해 다음과 같은 사항들을 파악할 수 있다.

- 각각 다른 상황에서 반응하는 방식
- 경험을 통해 배움을 얻는지 여부
- 지원자에게 중요하게 생각되는 것
- 자기 자신에 대해 어떻게 느끼고 있는지

- 다른 사람들에 대해 어떻게 생각하고 있는지

우리는 또한 다음 6가지를 통해 지원자에 대한 정보를 얻을 수 있다.

- 듣는 것 : ① 말하는 내용 중에 특별한 단어
  ② 음성
  ③ 말의 속도, 멈춤, 숨 돌림, 비언어적 소리의 사용

- 보는 것 : ④ 표정
  ⑤ 자세
  ⑥ 몸짓

4. 인터뷰 실시방법

1) 해야 할 일

- 인터뷰를 계획한다.
- 편안하고 자유스러운 인터뷰를 진행한다.
- 지원자가 개방형(open)질문에 자연스럽게 이야기할 수 있도록 한다.
- 계획한 대로 실행한다.

- 필요한 경우 엄밀히 조사한다.
- 장점과 약점, 행동유형을 알 수 있도록 경력과 관심사를 분석한다.
- 청취한다.

2) 해서는 안 될 일

- 준비 없이 인터뷰를 진행한다.
- 너무 다그치는 질문을 한다.
- 유도 확인하는(leading) 질문을 한다.
- 부적절한 증거를 근거로 결론을 도출한다.
- 약점을 너무 파고든다.
- 지원자가 중요한 사실을 얼버무렸는데도 그냥 넘어간다.
- 너무 많이 이야기 한다

업무 양식 4 면접평가표

PeopleCare Group

면 접 평 가 표

(주) 피플케어 코리아

면접일자 : 년 월 일 면접자 : ○○○

지원분야					
성 명		영문성명		생년월일	년 월 일 생 (만 세)

학 력 사 항

경 력 사 항

기간	회 사	수 행 업 무	이직사유/연봉

평 가 내 용

평 가 항 목	평 가 내 용		
문제해결능력	• 문제인식발견능력 • 대안제시능력 • 의사결정능력		
리더십	• 비전의 공유 • 영향력 발휘 • 카리스마		
커뮤니케이션 능력	• 경청능력 • 요점파악 • 표현력(구두)		
설득력 및 기본자세	• 논리적 사고력 • 용모 및 자세 • 자신 있는 발표력		
종합 평가			
현재 연봉 / 희망 연봉		시작 가능일	

업무 양식 5 후보자추천요약서

PeopleCare Group

후보자 추천 요약서

(주) 피플케어 코리아

성 명	갑	을	
나 이	만 세 (년생)	만 세 (년생)	만 세 (년생)
학 력			
경 력			
의 견			

헤드헌팅 성공사례 7

피플케어 J 이사는 'H기업' 사장에 지원한 L 부사장을 피플케어 회의실로 불러 면접을 했다. 업무 역량이 뛰어난 후보자로 평가되어 추천하기로 마음먹고 L 부사장에게 이야기했다.

"L 부사장님, 내일 부사장님을 'K기업'에 후보자로 추천할 예정입니다. 1차 서류 전형에 통과하면, 다음 주쯤 'K기업' 면접이 있을 것 같아요. 그때, 면접에 임하는 마음가짐에 대해 이야기하고 싶은 것이 있습니다."

"예, 말씀해 주시죠."

"예, 기업체에서 사람을 채용할 때는, 적극적인 지원 의사가 있는 사람을 채용한다는 것을 명심해 주시길 바랍니다.

사실 '적극적인 지원 의사가 있는 사람을 채용한다는 것'은 너무나 당연한 말처럼 들리는데, 의외로 소홀히 하는 분들이 많아요. 지원 의사가 약한 사람은 합격하기 어렵습니다."

"네, 그렇습니까?"

"네, L 부사장님. 그래서 저도 사실은, 기업고객에 후보자를 추천할 때 적극적인 지원의사가 있는 사람을 최우선으로 추천합니다. 거듭 말씀드리지만, 적극적인 지원의사가 있는 사람이 합격하기 때문이예요.

L 부사장님, 이렇게 비유할 수 있을 것 같아요.

사자가 작은 토끼 한 마리를 잡아먹을 때도, 일단 달려들 때는 전력을 다 합니다. 평상시에는 어슬렁거리고 전력 질주하는 모습이 없지요.

토끼와 비교하면 사자의 힘이 워낙 세기 때문에, 토끼를 가볍게 다루어도 될 듯이 보입니다.

그러나 일단 저 토끼를 잡아먹어야겠다고 마음먹으면, 그때부터는 전력을 다 한다는 것이죠.

이와 같이, 후보자도 일단 입사 지원 목표가 정해지면 전력을 다해야 합니다. 그래야 합격할 수 있습니다.

L 부사장님, 합격하기 위해서, 면접 때 유의할 사항으로 네 가지를 말씀드리고 싶습니다.

첫째, 이미 말씀드렸듯이 적극적인 의지를 가지고 지원해야 합니다.

둘째, 거짓말하지 말아야 합니다.

셋째, 정정당당하게 임해야 합니다.

넷째, 겸손해야 합니다.

L 부사장님, 지금까지 제가 한 이야기를 염두에 두고, 'K기업' 면접 잘 하시길 바랍니다."

"예, J 이사님, 말씀하신 사항들에 유의해서 'K기업' 면접에 임하겠습니다. 고맙습니다."

피플케어 J 이사는 L 부사장 면접을 마치고, L 부사장을 엘리베이터 앞까지 배웅했다. 'K기업'에 추천하는 후보자는 L 부사장을 포함하여 두 명으로 최종 선정하고, '후보자 추천 보고서'를 작성했다. 그리고 'K기업' S 인사부장의 이메일로 '후보자 추천 보고서'를 발송했다.

후보자 추천보고서(Candidate Report)는 다음과 같은 구성요소와 내용이 들어간다.

첫째, 인적사항 : 이름, 성별, 출생년도
둘째, 학력
셋째, 경력
넷째, 헤드헌터의 소견(Comment) : 후보자의 성과, 핵심역량, 장단점, 성격, 추천이유 등

K기업 '사장' 후보자 두 명의 기업고객 면접은 잘 진행되었다.
'K기업' S 인사부장으로부터 연락이 왔다.
"K기업 사장'으로 L 부사장이 입사 확정되었어요. 축하합니다!!!"

3장

성공적인 마무리로 억대 연봉 헤드헌터가 된다

기업고객 면접

다음 단계는 채용예정인원의 3배수 이내 후보자를 선별한 '후보자 추천보고서(Candidate Report)'를 기업고객에 보내고, 기업고객의 면접(Interview)을 주선한다.

고객사와의 계약 방식에 따라 후보자 추천 형식이 달라지기도 한다.

성공불 계약(Contingency Contract)은, 1~3명의 후보자 추천보고서(Candidate Report)를 기업고객에게 제공하며, 후보자 롱리스트(Long List)는 전달하지 않는다.

그러나 선수금 계약(Retained Contract)은 보통 2주 ~ 한 달 안에 약 10배수의 예비 후보자 목록인 롱리스트(Long List)를 제출한다. 때로는 기업고객의 요구에 따라 매주 제출하는 경우도 있다.

피플케어 헤드헌터들은 후보자 추천보고서를 제출할 때, 한 명 이상의 최종 후보자를 추천한다. 피플케어에서는 후보자 추천보고서를 한 번 제출할 때에, 세 명 이내가 적절한 숫자라고 생각한다. 추천한 후보자가 탈락하면 빠른 시간 안에 다시 세 명 이내의 후보자를 추천한다.

후보자 추천할 때, 고객기업이 후보자를 직접 접촉할 수 있는 연락처 정보는 주지 않는다.

1. PeopleCare Korea(피플케어 코리아)의 미션

PeopleCare Korea는 고객사의 사업을 성공시킬 올바른 후보자를 7일 이내에 추천한다.

헤드헌터가 기업고객에 '후보자 추천보고서'를 제출하면, 기업고객은 후보자에 대한 서류 심사를 한다. 서류를 심사하는 절차와 누가 검토하는지, 그 기간 등은 기업고객에 따라 매우 다르다. 따라서 서류 심사 기간을 수시로 확인하고, 서류 합격 여부를 확인해야 한다.

서류 합격한 후보자에 대해서는 고객사로부터 다음 단계인 기업고객 면접 일정을 2-3개 받아서 후보자에게 알려주고, 면접 일정을 조정 및 확정한다.

이어서 확정된 일정을 기업고객과 후보자고객 모두에게 전달한다. 후보자고객에게는 면접 장소에 대해서도 알려준다.

헤드헌터는 기업고객이 서류 심사할 때, 무슨 요소와 어떤 항목을 중요시하는지 그리고 어떻게 평가하는지 등을 이해하고 있어야 한다.

후보자는, 헤드헌터가 자신들의 면접 및 합격을 위해 수고하고 있다는 것을 알 때 더욱 헤드헌터를 신뢰하게 된다.

피플케어의 억대 연봉 헤드헌터는 매주 10명 이상의 후보자를 고객사에 추천하고, 매주 3명 이상의 후보자가 고객사 면접을 본다.

1) 지원자에게 브리핑 해주기

고객사 인터뷰 전에, 피플케어 헤드헌터는 후보자에게 충분한 브리핑을 해준다. 후보자는 헤드헌터가 자신들의 인터뷰를 위해 수고하고 있다는 것을 알 때 더욱 신뢰감을 갖게 된다.

채용과정에서 면접의 비중이 더욱 중요해지고 있는 요즘, 고객사 면접을 잘 준비하지 않는 후보자를 만나는 경우가 종종 있다.

업무능력이 뛰어난데도 불구하고 면접에서 부정적인 스타일의 사람이라는 인상을 풍겨 취업에 실패하는 경우도 있다.

'G기업 임원'에 지원한 후보자 B 이사가 있었다. 45세로 두 곳의 대기업을 다닌 뒤, 1년 전 중소기업에 입사했으나 그 무렵 다시 퇴사한 분이었다. 그는 업무 능력이 뛰어났으며 외모 역시 세련된 사람이었으나, 이야기를 나누다보니 '참 여유가 없다'는 생각이 들었다. 상대방 이야기를 경청하기보다는 자기 이야기에만 열중하는 모습이었다.

전 직장들에서 그의 퇴직 이유는 모두 상사와의 다툼과 갈등 때문이었다. 그는 많은 것을 전직 상사의 탓으로 돌리며 상사와 회사에 대한 험담을 계속했다.

그는 피플케어 면접에서 부정적인 태도로 점수가 깎여, 'G기업 임원' 추천과정에서 탈락했다.

한 직장에서 다투고 문제를 일으키는 사람은 다른 직장에서도 또다시 그런 문제를 일으키기 쉽기 때문이다. 기업고객의 면접관들도 대개 비슷한 인식을 가지게 될 것이다. 취업 면접에서 현재나 과거의 상사 혹은 동료, 회사에 대해서 나쁜 말을 많이 하는 것은 좋지 않다. 어떤 회사도 불평만 늘어놓는 사람은 원하지 않는다.

면접 때 지원자의 긍정적인 태도는 그 사람이 활기 있고 열정적이라는 인상을 준다. 만약 기술과 지식에 있어 비슷한 배경을 가진 지원자들과 경쟁하게 된다면, 열정이 당락의 결정적 기준이 되는 경우가 많다.

아울러 면접관의 공격적이거나 비판적인 언사도 우아하고 여유롭게 받아넘기는 자세를 염두에 둬야 한다. 인성을 떠 보려는 날카로운 질문에 쉽게 인상을 찡그리거나, 얼굴이 빨개지는 일이 없도록 해야 한다.

면접이란 그 사람의 가능성을 심층 관찰하는 시간이다.

중요한 것은 면접장에 들어오는 시간부터 나가는 시간까지 모든 것이 관찰 대상이 된다는 것이다.

그래서 언어적인 표현은 물론이고, 비언어적인 표현도 굉장히 중요하다.

예를 들면, 시선 처리, 제스처, 목소리, 표정 등 모두가 관찰 대상이므로 그런 부분도 감안해서 잘 준비하고 정돈하는 것이 좋다.

기업에서 사람을 채용하는 것은, 각 직무(Job Description)별로 그 업무를 수행할 능력이 있는 사람을 채용하는 것이다. 기업은 마케팅, 영업, 인사, 정보보안, IT운영, 법무 등 여러 가지 업무가 연결되어 하나의 조직을 형성한다. 그래서 각 직무별로 그 업무를 수행할 능력이 있는 사람을 채용한다.

예를 들어, 정보보안(IT Security) 직무를 담당하고 있는 직원이 해당 업무를 잘 수행해 상사나 주변에서 그 직무에 대해서는 더 이상 신경 쓰지 않아도 조직이 잘 운영되면, 그 직원은 일을 잘 하는 것이라고 할 수 있다.

조직에서 환영받기 위해서는 기본적으로 담당 직무에 대한 업무 능력이 있어야 한다. 기업에서 대우받는 인재는 확실한 업무 능력을 갖추고, 자신의 직무에서 성과를 내는 사람이다.

21세기 최고의 경영자로 손꼽히는 글로벌기업 GE의 잭 웰치는 1973년 부품소재 그룹 사장이 된다. 승진을 하면서 깨달은 것은 '나의 성공은 내가 채용한 사람들에 의해 이루어진다'는 사실이었다. 그는 업무에 적임자를 기용하는 것이 얼마나 중요한지를 절감한다.

그는 채용에 있어 여러 실수를 고백하면서 이렇게 충고한다.

첫째, 외모를 보고 사람을 채용하지 마라. 마케팅 부문의 사람을 채용할 때 외모 등 겉모습이 그럴싸하고 말솜씨가 뛰어난 사람을 채용했는데, 아주 소수를 제외하고는 완전히 실패작이었다.

둘째, 언어능력을 기준으로 삼지 마라. 특히 아시아 지역에서 사람이 필요할 때 지원자가 영어를 잘 하면 다른 능력도 뒷받침될 것으로 생각해 채용했지만 결과는 부정적이었다. 즉 언어 능력만을 채용 기준으로 삼는 것은 문제가 있다.

셋째, 학벌을 능력과 연계시키지 마라. 경험이 없고 능력이 검증되지 않은 상태에서 화려한 이력서에 넘어가지 말라는 의미이다.

조직에서 인정받고 승진하는 최선의 방법은 현재 직무를 탁월하게 수행하는 것이다. 그러면 관리자들이 이렇게 말할 것이다.

'저 친구 업무 능력이 뛰어나군. 조금 더 다듬어 임원으로 키워야겠어.'

잭 웰치가 말했듯이, 조직에서는 외모, 언어능력, 학벌보다 중요한 것이 업무 능력이다.

면접에 임할 때는, 2개의 겹치는 원을 생각해 보면 된다. 하나는 취업 지원자이며 다른 하나는 구인 회사다.

후보자가 면접 중에 말하는 모든 게, 이 두 원이 겹치는 공간을 크게 만드는데 기여해야 한다.

겹치는 영역을 더욱 크게, 더욱 확실히 할수록 바람직한 후보자가 된다.

예비조사를 통해 구인기업의 회사 정보와 직무명세(Job Description)에 대해 면접 전에 더욱 정확하게 파악하면, 회사 쪽에서 원하는 게 무엇인가에 대한 아이디어를 얻게 된다.

현재 그 회사에 근무 중이이거나 과거에 근무한 적이 있는 사람들을 찾아서 파악하는 방법 등이 있다.

앞서 말했듯이 정답은 '구인기업의 직무명세(Job Description)'이기 때문이다. 이 '구인기업의 직무명세(Job Description)'에 맞는 후보자는 합격이고, 맞지 않으면 불합격이다.

또한 면접 전이나 도중에도 주의 깊게 관찰한다면, 그 직책이나 회사가 원하는 게 무엇인지 단서를 얻을 수 있다. 예를 들어, 회계감사직은 꼼꼼한 업무를 잘 수행하면서 돈독한 신뢰감을 갖춰야 하는 직책이고, 영업직은 야망과 사람을 다루는 기술을 필요로 한다는 것 등이다.

대부분의 회사들은 전형적으로 상황 접근 방식의 면접을 한다. '...한 때에 대해 말해 주십시오.' 혹은 '...의 경험을 설명해 주십시오.'

후보자의 답변은, 미래의 어떤 상황에서 후보자가 어떻게 행동할 것인지에 대한, 믿을 수 있는 예측치가 된다고 면접관은 생각할 것이다.

후보자는 이런 점을 충분히 고려해 예측 질문에 대한 최적의 답변을 준비해야 한다. 또 이런 맥락에서 후보자 자신이 지닌 경쟁력 있는 부분이나 특성을 어떻게 풀어 얘기할 것인지도 고민해야 한다. 과거 질문과 관련되는, 어떤 상황을 겪었을 때 자신이 어떻게 행동했고 결과는 어땠는지 등은 면접관이 후보자를 평가하는 중요한 점 가운데 하나다.

이런 '개방형 질문'은 면접관에게 후보자 자신이 적합한 후보자라는 것을 알릴 수 있는 좋은 기회를 준다.

이와 비교해 '예', '아니오' 식의 대답을 요구하는 '폐쇄형 질문'을 받더라도 어느 정도는 그것을 '개방형 질문'으로 간주하고 짧게나마 '상황 - 행동 - 성과' 형식으로 대답하는 것도 좋다.

면접은 기본적으로 그 직업 및 회사와 지원자의 일치성을 평가하는 것이다. 올바른 답변은, 면접관이 나름대로 가지고 있는 그 직업 또는 직책의 이상형에 후보자 자신이 얼마나 잘 맞는가를 그 내용으로 평가해야 하는 것이다.

기업고객의 1차 면접 후에, 고객사와 후보자 양쪽 모두에게 연락해서 면접 결과를 기록해 둔다. 1차 면접에서 합격한 후보자에 대하여 2차 또는 최종 면접을 하게 된다. 기업고객에서 2차 면접을 요구한다면 가능한 빨리 면접 시간을 정하고, 면접 관련하여 새로운 정보가 있다면 지원자에게 알려준다.

인터뷰 기간 중에는 후보자와 관련된 변동사항, 이직 가능시기, 심리적인 변화 등 모든 사소한 상황도 주의 깊게 파악한다.

심리적 변화는 어떤 것이 있을까?

심리적 변화는, 이직 번복 같은 것이다. 기존 회사에서 더 나은 보상과 근무 조건 등을 제시할 때, 이직 의향을 포기하는 경우가 있다.

혹은 지원회사의 높은 연봉과 처우 등에 끌려서 다른 지역 소재의 회사로 이직하려고 했으나, 자녀문제, 가족과 떨어져 살아야 하는 문제 등으로 이직을 포기하는 경우 등 심리적 변화는 다양하다.

2) 성공으로 이끄는 태도

헤드헌터로서 성공하겠다는 열정과 적극적인 태도가 필요하다.

사람들과 일하면서 실망도 겪게 될 것이다. 아마도 후보자가 출근하지 않거나 고객이 마지막 순간에 큰 계약을 취소해 버리는 일을 겪고 낙심할 수도 있다. 긍정적인 태도를 가진다면 여러분은 그러한 실망을 장기적인 관점에서 바라볼 수 있을 것이다.

힘든 일이 있다면 헤드헌터 업무에 대한 보람과 고객들이 여러분에게 했던 칭찬의 말들을 떠올려 보라.

3) CEO 대상 인터뷰 질문 유형

아래는 CEO 대상으로 면접할 때 나오는 질문 유형이니 참고하면 좋다.

(1) 어떻게 비전을 전달하고 어떤 테크닉을 사용하는지?
(2) 회사의 이미지를 어떻게 구축하고 변화시키는지?
(3) 새로운 자리로 이동한다면 핵심 직원들을 어떻게 평가하고 팀을 어떻게 구성하려는지?
(4) 처음 CEO가 되었을 때에 가장 놀란 일은 무엇이고 어떻게 처리했는지?
(5) 새로운 자리를 맡게 되면 어떤 식으로 시작할 것인지? 무엇을 목표로 어떤 행동을 취할 것인지?
(6) 직원들이 더 큰 역할을 맡도록 어떻게 할 것인지?
(7) 유능한 직원을 발견하였을 때에 어떻게 하는지?
(8) 경영스타일은 어떤 것이며 CEO로서 자신에 대해 어떻게 평가하는지?
(9) 본인의 성격에 대하여 어떻게 평가하는지?
(10) 직원 채용 시에 무엇을 보는지?

(11) 직원을 해고한 적이 있는지 그 이유는 무엇이며 어떻게 처리하였는지?

(12) 현재 위치에서 가장 마음에 드는 부분과 마음에 안 드는 부분은 무엇인지? 왜인지?

(13) 과거에 가장 큰 업적은 무엇인지? 왜 그렇게 생각하는지?

(14) 타인과 심각하게 불편한 사례를 말씀하시고 어떻게 해결했는지?

(15) 업계의 중요한 흐름과 최신 이슈는 무엇인지?

(16) 훌륭한 CEO가 되기 위해서는 어떤 자질이나 스킬을 갖추어야 하는지?

(17) 이전에 모셨던 상사에 대하여는 어떻게 생각하고 무엇을 배웠는지?

(18) 실패 사례를 한 가지 말씀하시고, 그 문제를 어떻게 다루었는지?

(19) 본인의 강점과 약점은 무엇인지?

(20) 본인의 상사가 본인의 강점과 약점을 말한다면?

(21) 5년 후에 본인의 위치는 어떻게 될까요?

(22) 본인의 성공을 어떻게 정의하고 평가하는가?

(23) 시장 상황을 어떻게 판단하고 어떻게 처리해 가는가?

(24) 어려운 윤리적 딜레마에 직면했던 경험과 그 상황을 어떻게 다루었는지?

(25) 우리 회사에서 본인이 첫 번째 할 일은 무엇이라 생각하고, 어떤 부분을 변화 및 개혁하고 싶은지? 왜 그렇다고 판단하는지?

4) 일반적인 인터뷰 질문의 표본

(1) 본인의 장단기 목표 및 목적은 무엇인지?
목표는 언제 설정하고 그 이유는 무엇인지?
목적 및 목표를 달성하기 위하여 본인은 어떻게 준비하고 있는지?

(2) 본인의 직업과 무관하게 향후 10년 이후를 대비하여 스스로 설정한 목표가 있는지?

(3) 향후 3~5년 후에 무슨 일을 하고 싶은지? 아니면 어떤 직책 및 직위에서 일을 하고 싶은지?

(4) 본인의 일생에 진정으로 하고 싶은 일은 무엇인지?

(5) 본인의 장기적인 경력 목표는 무엇인지?

(6) 장기적인 경력 목표를 달성하기 위하여 어떤 계획을 갖고 있는지?

(7) 장기적인 경력 목표를 선택한 배경과 이유가 무엇인지?

(8) 돈과 업무의 두 가지 중에 본인은 어느 부분이 더 중요한가? 그 이유는?

(9) 본인의 성격상 또는 업무 처리상 장점과 개선해야 할 사항은 무엇인지?

(10) 본인은 본인 스스로를 어떻게 평가하는지? 그 이유는?

(11) 본인의 친구, 동료, 상사, 후배 또는 지인들은 귀하를 어떻게 평가하는지?

(12) 본인은 대학 시절에 경력 개발을 위하여 어떤 노력을 하였고 무엇을 배웠는지?

(13) 우리 회사가 본인을 채용해야 할 이유는 무엇이라고 판단하는지?

(14) 본인은 성공에 대하여 어떻게 생각하고 평가하는지?

(15) 본인이 우리 회사 같은 업체에서 성공하려면 어떻게 무엇을 해야 한다고 판단하는지?

(16) 성공적인 경영자가 갖추어야 할 자질, 리더십 및 그 요소는 무엇이라고 생각하는지?

(17) 본인이 경험했던 사항 중에 만족스러웠던 2~3가지 업적은 무엇인지?

(18) 본인이 경험한 사항 중에 아쉬웠던 부분 1개를 설명하고 무엇을 배웠는지?

(19) 가장 보람 있었던 대학 시절의 경험은 무엇이었으며 그 경험을 통하여 무엇을 배웠는지?

(20) 본인이 특별 봉사활동을 통하여 배운 것은 무엇인지?

(21) 본인이 선호하는 기업문화 및 근무 분위기는 무엇인지? 그 이유는?

(22) 본인은 우리 회사에 대하여 어느 정도 알고 있는지? 어떻게 알게 되었는지?

(23) 본인은 어느 정도 규모의 회사에 취업하기를 원하는지?

(24) 본인은 근무하고자 하는 업체를 어떻게 평가하고, 그 기준은

무엇인지?

고객사의 최종 면접 및 채용 확정 유형은 임원 및 직급에 따라 다음과 같이 다양하게 진행된다.

- CEO가 직접 면접하고 채용 유무 결정
- 임원급 면접 위원회가 면접한 후에, 합격한 후보자만 CEO가 최종 면접 후 채용 유무 결정
- CEO 및 임원급이 함께 면접 후에 채용 유무 결정
- 임원급이 일대일로 면접한 후에 과반수 찬성으로 결정
- 임원급이 일대일로 면접한 후에 전원 찬성으로 결정
- 직속 상사 임원이 최종 면접한 후에 채용 유무 결정
- 기타

후보자들의 인터뷰가 끝나는 시점에는 항상 커뮤니케이션을 해야 하는데, 인터뷰 내용, 기업고객의 반응 등을 파악한다. 최종 면접이 마무리되면 후보자고객 및 기업고객으로부터 의견 회신을 받는다.

만약 추천한 후보자들이 모두 불합격한 경우에는 불합격 사유를 분석하고, 빠른 시일 안에 다른 후보자를 추천한다. 불합격한 후보자에 대하여는 사후 관리를 위해 통지해야 하며, 불합격한 후보

자의 질문이 있는 경우에는 마음이 상하지 않도록 회신해야 한다.

2. 평판 조회

평판조회(Reference Check)는 최종 합격여부를 결정하기에 앞선 마지막 절차로, 헤드헌터가 후보자의 학력, 자격증, 경력, 업무수행 능력, 근무 평가, 연봉, 전직 이유, 품성, 대인관계 등에 대해 후보자의 직장 상사, 동료, 부하, 협력업체, 친구 등을 통해 사실 여부를 확인하는 것이다.

이러한 조회는 전문적인 접근방법을 통해 신중하게 처리해야 한다.

평판조회는 항상 후보자의 사전 허락 하에 진행한다. 후보자 평판에 대해 답변해 줄 수 있는 참고인 연락처는 후보자로부터 직접 받도록 한다.

평판조회 참고인은 일반적으로 후보자의 직장 상사 2명, 동료 1명을 기본으로 하며, 회사의 성패를 좌우하는 사장(CEO) 등 채용 직책의 중요도에 따라 참고인 숫자와 범위를 넓힌다.

고객사에 따라 요구사항이 다르기 때문에, 평판조회할 때는 고객사와 사전 협의할 필요가 있다. 예를 들어, 조회할 주요 항목 및 내용에 대해 참고인은 몇 명 정도이며, 평판조회서는 언제까지 제출받기를 원하는지, 원하는 보고 양식과 기타 원하는 사항 등 등…

대부분의 경우 참고인에게 전화로 조회하며, 때로는 직접 만나서 인터뷰하거나 이메일, 팩스, 우편 등을 활용하기도 한다.

피플케어 헤드헌터는 후보자가 알려준 참고인들뿐만 아니라, 그 외 알려주지 않은 참고인들에 대해서도 조회를 이어가는 등 독립적인 평판조회를 수행하기도 한다.

알려주지 않은 참고인들은 후보자가 알려준 참고인들로부터 다시 다른 참고인을 소개받고, 소개받은 참고인으로부터 다시 소개받는 방식으로 더 많은 참고인들을 찾아낼 수 있다. 헤드헌터가 알고 있는 사람이나 과거에 인터뷰한 적이 있는 사람들 중에서 그 사람과 일해 본 사람들에게도 평판조회를 한다.

후보자에 대한 경력이나 개인 신상에 대해 정확한 조회를 하기 위해 노력해야 한다. 정확한 조회는 기업고객으로 하여금 후보자에 대한 신뢰와 만족을 가질 수 있게 한다.

1) 평판조회를 왜 하는가?

(1) 우수인재의 확보는 비즈니스의 성패를 좌우하는 바, 이력서, 자기 소개서, 경력 기술서만으로 채용 결정하는 것은 위험 부담이 크기 때문이다.

(2) 경력 기술 등의 역량 외에 조직의 경영철학, 비전, 미션, 목표 등을 잘 이해하고 수행할 수 있는 인재가 요구되기 때문이다.

(3) 기업 문화, 가치관에 어울리고 리드할 수 있는 인재가 요구되기 때문이다.

(4) 채용하는 포지션에서 요구되는 스킬, 지식, 경험, 능력 등 업무에 관련된 사항은 물론 인적 네트워크, 인성, 품성, 근무 자세 등 Personality도 중요하기 때문이다.

(5) 궁극적으로 기업은 물론 개인의 성장 발전에 도움을 주기 때문이다.

2) 평판조회는 누구(무엇)를 통하여 이루어지는가?

(1) 주로 후보자의 직장 상사, 후배, 동료를 통하여 이루어진다.

(2) 대기업의 경우에는 인사 부서를 통하여 확인하기도 한다.

(3) 고객, 학연, 지연 및 후보자의 주변 인물을 통하여 이루어진다.

(4) 고객이 임의로 후보자 모르게 조회처를 정하고 요청하는 경우도 있다.

(5) 전화, 이메일, 팩스, 우편 또는 직접 만나서 이루어진다.

유의사항

① 현재 후보자가 근무 중인 회사에는 평판조회를 요청해서 안 된다.
(최종 채용 결정이 되지 않는 경우에 문제가 된다)

② 평판에 도움을 주는 분은 가급적이면 후보자 면접 때 확인하고 기록해 두어야 한다. (추후 후보자가 될 수도 있다)

③ 고객이 원하는 수만큼 평판조회를 한다.
(일반적으로는, 상사 2명, 동료 1명에 대해 평판조회를 한다)

3) 평판조회는 언제 하는가?

(1) 주로 최종 면접 후, 채용 결정을 하기 전에 이루어진다.

(2) 고객마다 평판조회 시기가 다를 수 있다.

(3) 평판조회 전에 사전 후보자에게 연락하는 것도 도움이 된다.

4) 평판조회 때 무엇을 확인하는가?

(1) 대개 다면 평가를 실시하며 근무기간, 퇴직사유, 직무 수행 능력, 리더십, 조직 관리 능력, 커뮤니케이션, 포지션에 적합유무, 주요 업적 및 강점, 인성 장단점, 도덕성, 윤리성, 근무 태도, 금전관계, 사생활 등 전반적인 부분에 대하여 재확인하거나 면접을 통하여 확인하지 못한 부분을 확인하는 것이다.

유의사항

① 반드시 고객이 원하는 항목과 사항을 중심으로 해야 한다.
<원하는 사항 중심>

② 평판조회 결과 양식도 고객과 사전 협의하는 것이 바람직하다.
<원하는 보고양식>

5) 평판조회 수수료는 어떻게 되는가?

(1) 대부분 평판조회 수수료는 헤드헌팅 수수료에 포함된 것으로 해석한다.

(2) 고객이 수수료를 책정하거나, 혹은 별도로 평판조회만을 요청하는 경우에는 별도로 한다.

(3) 평판조회만을 전문으로 하는 업체도 있다.

(4) 평판조회에 소요되는 시간 비용, 그리고 평판 대상자의 직급, 직책, 조회 시한 Referee의 인원 구성 등에 따라서 수수료는 달라진다.

(5) 국내에는 합리적인 수수료 책정 기준이 없다.

6) 평판조회의 진행 절차는?

(1) 고객사로부터 Reference check 요청을 받는다.

(2) 고객사 담당자와 구체적인 사항에 대하여 협의한다.

① 해당 후보자를 확인하고 무슨 항목과 내용에 대하여 확인을 원하는지

② 해당 후보자의 누구를 referee로 하며 몇 명 정도로부터 확인을 원하는지

③ 언제까지 보고를 원하며 보고 내용에 포함될 항목 내용 및 보고서 양식을 확인

④ 해당 후보자와 커뮤니케이션 없이 비밀로 평판조회를 원하는지도 확인

(3) 해당 후보자의 이력서, 자기 소개서, 경력기술 내용을 고객사의 Reference check 사항과 비교하고 재검토한다.

(4) 누구를 referee로 할 것인지를 확정하고 질문해야 할 항목과 구체적인 질문 사항을 준비한다.

(5) 해당 후보자에게 사전에 referee가 누구인지를 알려주고 referee와 연락하게 한다.

(6) 전화, 방문 등을 통하여 직접 질문하고 평가내용을 요약 정리한다.

(7) 정리된 내용을 referee에 재확인하고 고객사에 '평판조회 보고서'를 제출한다.

7) 평판조회 때 유의 사항은?

(1) 현재 재직 중인 회사에는 조회하지 않는다.

(2) 그 이전 직장에 조회한다.

(3) 후보자로 부터 참고인을 받는다. (고객이 원하지 않은 경우는 제외)

(4) 후보자의 상사, 부하, 동료의 연락처 번호를 받는다.

(5) 조회를 실시하기 전에 후보자에게 연락하여 참고인에게 연락하도록 한다.

(6) 참고인에게 전화로 조회 또는 직접 만나서 실시한다.

(7) 사전에 준비된 질문 내용과 함께 실시한다.

(8) 조회가 마무리되면 referee에게 요약 내용을 재확인한다.

(9) Referee에게 고객사가 평판 내용을 재확인할 수 있음을 이야기한다.

 고객사가 다시 재확인할 경우는, 헤드헌터에게 말한 것과 같은 내용으로 후보자에 대한 평판을 고객사에게도 말씀하도록 요청한다.

(10) '평판조회 보고서'를 전달한 후에는 그 결과에 대해 고객사로부터 의견 회신을 받고, 후속 조치할 사항이 있는 경우에는 후속 조치를 한다.

참고인에게 전화를 드려서 편리한 일정에 전화로 인터뷰할 수 있는지를 확인하거나 또는 참고인이 편리한 일정과 장소를 선택하게 하는 절차를 권장한다. 예를 들면

"저는 피플케어 코리아에 근무하는 컨설턴트 XXX입니다. 금번 YYY 후보자가 ZZZ 회사 최종 면접에 합격하였습니다. ZZZ 회사에서 YYY 후보자에 대하여 평판조회를 요청하는 바, YYY 후보자로부터 말씀을 듣고 전화를 드립니다. 존함이 OOO 님, 맞으신지요? 반갑습니다. 언제쯤 편리한 일정을 만들어 줄 수 있는지요? ZZZ 회사에서는 XX까지 평판 조회 결과를 보고해 주기를 원하고 있습니다.

가급적이면 그 기간 전에 일정을 정하여 주시면 고맙겠습니다. 질문 항목과 질문 내용은 사전에 이메일 또는 팩스를 통하여 전해 드리도록 하겠습니다. 질문들에 대한 답변은 참고인님이 가장 편한 방법을 선택하셔도 됩니다.

전화로 하는 것, 직접 만나서 말씀 나누는 것, 이메일로 회신하는 것 등입니다. 저는 답변 주신 내용에 대하여 참고인님의 재확인을 받고 ZZZ 회사에 보고할 예정입니다. 그리고 말씀하신 사항은 추후에 ZZZ 회사에서 직접 재확인하는 경우도 있습니다. 그렇게 알고 계시기 바랍니다.

시간을 내주셔서 대단히 감사합니다."

라는 등으로 참고인과 평판조회를 시작하기 전에 준비를 해야 한다.

몇 가지 주요 항목에 대한 질문에 들어가기 전에 후보자와 참고인과의 관계에 대하여 확인하는 것을 잊지 말아야 한다.

(1) 후보자와는 어떤 관계인지?

(2) 언제부터 알고 지내는 사이인지?

(3) 몇 년간 어느 회사에서 같이 근무를 하셨는지?

(4) 근무 시에 후보자와 어떤 관계였는지? 차상급 상사, 직속 상사, 동료, 부하?

(5) 후보자가 퇴직한 정확한 사유는 무엇이라고 알고 있는지?

(6) 후보자가 어떤 분야에서 차별화되고 뛰어난지? 그리고 실제로 전문 분야가 무엇인지?

(7) 후보자가 지원한 부서는 XXX 분야이다. 그 분야에서 과거 뛰어난 업적들은 무엇들이 있었는지?

(8) 후보자의 업무상 장점은 무엇인지? 왜 그렇게 생각하는지? 실제 사례가 있다면 말씀해 주실 수 있는지?

(9) 업무 수행 정도는 비슷한 동료와 비교할 때 어느 수준이라고 생각하는지?
  그렇게 판단하는데 따른 이유나 실제 사례가 있다면 말씀해 주실 수 있는지?

(10) 후보자의 업무상 개선해야 할 부분은 무엇인지? 왜 그렇게 생각하는지? 실제 사례가 있다면 말씀해 주실 수 있는지?

(11) 후보자의 성격상 장점은 무엇인지? 왜 그렇게 생각하는지? 실제 사례가 있다면 말씀해 주실 수 있는지?

(12) 후보자의 성격상 개선해야 할 부분은 무엇인지? 왜 그렇게 생각하는지? 실제 사례가 있다면 말씀해 주실 수 있는지?

(13) 후보자의 윤리성 도덕성에 대하여는 어떻게 생각하는지? 금전관계, 비리 등

(14) 후보자의 술 담배 정도는 어떤지? 혹시 과음 후에 개선해야 할 습관이나 어떤 부분이 있는지? 예를 들면, 반복하여 이야기한다, Sexual Harassment 위험성이 있다, 필름이 끊긴다, 상사를 비평 비난한다.

(15) 후보자의 사생활에는 문제가 없는지? 이혼, 별거 등

(16) 후보자가 좋아하는 스포츠는 무엇이며 매너는 어떤지?

(17) 후보자가 ZZZ 회사에 입사하고자 하는데 적극적으로 추천하는지? 왜 추천하고 싶은지? 1~2개 정도 말씀해 주실 수 있는지?

8) 평판조회 때 주로 사용되는 항목은 ?

Skill, competency, behavior, career

Leadership, communication, negotiation, interpersonal

Supervision, technical knowledge, conceptual skill,

initiative, teamwork, independence, target-oriented,

customer-oriented, productivity, efficiency, effectiveness,

creativeness,

9) 평판조회 때 주로 사용되는 항목과 구체적인 질문은?

(1) 관리 사무직 – 정밀성 부문

① 주도 면밀성

타인의 의견을 듣고 난 후 자기의 의견을 피력하는지, 철저한 준비성이 있는지, 항상 상대 질문에 대하여 정확히 이해하고 답하는지 등

② 논리성

구체적이고 분석적인지, 이상에 치우치지 않고 실리적인 면을 중시하는지, 서론, 본론, 결론에 기초하여 표현하려고 하는지, 반론에 대하여 감정적이기보다는 논리적으로 대응하는지 등

③ 협조성

남의 의견이나 본인 의견을 어떻게 다루는지, 타인의 좋은 의견을 구체적으로 반영하는지, 발표를 자제하는지, 이견에 인내하는지 등

(2) 영업직군 – 적극성 부문

① 추진력

집요하게 자기 주장을 표현하는지, 사소한 것 생략하고 큰 맥을 짚는지, 음색이 활기차고 확신에 차 있는지, 좌중을 장악하려는 경향이 있는지 등

② 리더십

타인의 좋은 내용을 인정하고 인용하는지, 의견을 경청하고 종합적이며 결론적인 내용을 발언하는지, 토론 시에 활기를 주는 유머 등을 섞어 발언하는지 등

③ 설득력

사례, 비유 등을 들어 말하는지, 또박또박 힘주어 말하는지 등

(3) 연구 기술직 – 창의성 부문

① 개선 의욕

새로운 아이디어나 색다른 이론을 전개하는지, 문제점에 대한 대안을 제시하는지, 건설적인 비판 및 견해를 피력하는지 등

② 끈기

토론에 몰입하고 다른 일에 신경을 안 쓰는지, 시종 자세가 흐트러지지 않고 감정의 기복이 없는지, 쉽게 자기 주장을 굽히지 않는지 등

③ 자주성

자기 주장이 명확한지, 보다 좋은 의견을 과감히 수용하는지, 관습이나 고정 관념에 집착하지 않고 자유스러운지 등

(4) 기본 인품

① 가정환경

부모생존유무, 중류가정인지, 부양 가족수, 지나치게 고생하면서 성장했는지, 가정의 공통 취미 또는 종교, 가훈 등

② 도덕성

윗사람과 견해 차이 시 윗사람의 의견을 존중하는지, 장점을 지나치게 강조하고 단점을 위장하는지 등

③ 성실성

상대방이 약속시간에 늦는 경우에 어떻게 하는지, 생활신조가 어떤지, 장래의 포부는 어떠한지 등

(5) 성격 – 안전성, 팀웍, 변화 부문

① 현재 다니는 직장을 그만두게 된 사유는 무엇인지?

② 현재 맡고 있는 업무에서 추구하고자 하는 것이 무엇이었는지?

③ 지금까지 살아오면서 본인이 느끼는 가장 큰 실망은 무엇인지?

그러한 실망이 본인의 사고방식 및 인생관에 어떻게 미치고 변화되었는지?

④ 업무상 직면한 문제점을 어떻게 해결하는지?

⑤ 업무상 처리할 수 없는 경우 어떻게 처리하는지?

⑥ 상사가 본인에 대하여 어떤 부분을 칭찬하고 어떤 부분에 대하여 조언을 해주는지?

⑦ 본인의 성격상 좋은 부분과 개선해야 할 부분은 그리고 어떻게 개선하는지?

(6) 임원 경우 – 경영 책임, 리더쉽, 커뮤니케이션 등

① 조직을 어떻게 관리하고 장단점은 무엇인지?

② 조직의 효율성과 생산성을 위하여 어떻게 무엇을 해 왔는지?

③ 경영방식에 대하여 평판은 어떤지?

④ 리더쉽 스타일은 어떤지?

⑤ 리더쉽의 장점과 단점은 무엇인지?

⑥ 의사결정 스타일에 대하여 어떻게 판단하는지?

⑦ 문제 발생 시 주로 어떻게 처리한다고 생각하는지?
커뮤니케이션 스타일은 어떤지?

⑧ 상황 변화로 결정된 사항이 변경 시 커뮤니케이션은 어떤지?

(7) CEO 경우

① 비전을 어떻게 전달하고 어떤 테크닉을 사용하는지?

② 회사의 이미지를 어떻게 구축하고 변화시키는지?

③ 유능한 직원을 발견하였을 때에 어떻게 하는지?

④ 경영스타일이 어떤지?

⑤ 직원 채용 시 무엇을 보는지?

⑥ 가장 큰 업적이 무엇인지?

⑦ 강점과 약점이 무엇인지?

⑧ 업계에서 평판은 어떠하다고 생각하는지?

⑨ 직원 채용 시에 무엇을 보는지?

⑩ 직원을 해고한 적이 있는지 그 이유는 무엇이며 어떻게 처리하였는지?

⑪ 현재 위치에서 가장 마음에 드는 부분과 마음에 안 드는 부분은 무엇인지? 왜인지?

⑫ 과거에 가장 큰 업적은 무엇이고 왜 그렇게 생각하는지?

⑬ 타인과 심각하게 불편한 사례를 말씀하시고 어떻게 해결했는지?

⑭ 업계의 중요한 흐름과 최신의 이슈는 무엇인지?

⑮ 훌륭한 CEO가 되기 위해서는 어떤 자질이나 스킬을 갖추어야 하는지?

⑯ 이전에 모셨던 상사에 대하여는 어떻게 생각하고 무엇을 배웠는지?

⑰ 실패 사례를 한 가지 말씀하시고 어떻게 다루었는지?

⑱ 본인의 강점과 약점은 무엇인지?

⑲ 본인의 상사가 본인의 강점과 약점을 말한다면?

평판조회 요청 이메일
(Request for reference)

(참고인 이름) 님께

(지원자 이름) 씨는 PeopleCare Korea를 통해 취업(혹은 전직)을 원하고 있으며, 저희에게 (참고인 이름)을 통해 경력 확인을 해도 좋다고 해서 이렇게 연락드리게 되었습니다. (지원자 이름) 씨의 근무 경력과 기간 등을 첨부된 양식을 이용하여 확인해 주시기 바랍니다.

(참고인 이름)이 적어주신 정보에 대해서는 철저하게 보안이 유지될 것이며 정식으로 채용이 확정되기 전에는 어떠한 고객회사에도 보여주지 않겠습니다.

동봉 서류는 조회 확인 양식입니다.

협조해 주셔서 감사합니다.

이름
직급

업무 양식 6 평판조회보고서

PeopleCare Group

평 판 조 회 보 고 서 [예시]

(주) 피플케어 코리아

	우OO OO통신 대표이사	서OO OO 대표이사	박OO OOO 상무이사 / 연구소장
사업상 관계	- Packetivideo 재직시절 상호 기술적인 면과 공동영업 방안을 함께 추진	- Microsoft 재직시 동료로서 채널 파트너 선정 및 개발전략 연구를 함께 추진	- Packetivideo 재직시절 삼성전자단말기에 Packetvideo 솔루션 탑재 프로젝트 함께 진행
업무 수행 능력	- 기술적인 분석과 해결 능력이 뛰어남 - 창의적이고 혁신적이며, 프로젝트의 리더로 뛰어난 능력	- 역량을 모아서 여러 가지 혁신적인 사 업을 기획 - 새로운 전문적인 환경에 빨리 적응함	- 프로젝트의 대가, 예리한 분석자, 뛰어난 조직자 - 긴요한 사업의 중요한 관제사, 그리고 의사 결정자
업무 충실도	- 자신의 업무에 매우 열정적이며 책임감이 강함	- 매우 긍정적인 업무적 사고와 추진력이 있음	- 책임을 달성하기 위하여 정열과 열성을 다함.
리더쉽	- KTF 네트워크 프로젝트를 수행하며 탁월한 리더쉽과 뛰어난 팀웍이 증명됨	- 삼성전자와의 프로젝트 진행 시 뛰어난 리더쉽을 보여줌	- Telco 연구 계획 담당자로서의 강한 지도력
대인 관계	- 동료들과 융화력이 강하고, 사장님과도 좋은 관계를 유지하고 있음	- 팀원들과의 관계를 아주 좋고, 동료들과 개인적으로도 관계를 잘 유지함	- 동료들과 온난하고 친밀한 우정관계를 유지 - 팀 일원과의 우수한 의사소통능력
연락처	H.P : 010-0000-0000	H P : 010-0000-0000	H P : 010- 0000-0000

평판조회 사례

후보자의 인성에 대해, 사람들이 느끼는 감정은 비슷하다. 차 한 잔 갖다 주며 비서가 느낀 잠깐 동안의 느낌과 1시간 면접한 나의 느낌은 거의 같다.

면접만으로 그 후보자를 평가하는 데에는 한계가 많다. 그 부족한 부분의 평가를 '평판 조회(Reference Check)'로 보완한다.

조직에 문제를 일으키는 경우에는, 가끔 근본이 비뚤어진 사람이 있다.

외국계 기업의 회계책임자(CFO)를 추천하기 위해 후보자 한 명을 면접하고 평판조회를 한 적이 있다. 이력서 상의 경력은 구인사항에 적합했으나, 면접 때 겸손하지 못한 후보자의 태도로 인해 느낌이 좋지 않았다.

그 후보자의 전 직장에 평판 조회를 했다. '그 후보자로 인해 회계부서가 심각한 내분에 휩싸여 결국 그 후보자가 퇴사했다'는 것을 알게 되었다. 평판조회가 좋지 않아서 그 후보자는 탈락했다.

'인성'의 또 다른 표현은 '진정성'이라고 할 수 있다.

즉, 진실된 사람인가? 얼마나 진실된 사람인가?

진정성은 태도(Attitude)로 드러난다.

인성이 바른 사람은 항상 태도에 변함이 없다.

헤드헌터 OOO 전무는 후보자를 추천할 때, 자신이 과거에 재직했던 외국계 M기업 출신을 많이 추천한다. 왜냐하면 M기업에 오랫동안 함께 근무하면서, 그 사람의 인성에 대해 잘 알고 있기 때문이다.

과거 같은 직장에 함께 근무했던 경우는, '이 사람이 어떻다'고 생각하면 그 생각의 범주를 크게 벗어나지 않는다. 당연히 추천 결과도 좋다.

입사 확정

채용 확정 전에 기업고객과 후보자고객은 연봉 협상을 한다.

연봉은, 헤드헌터가 새로운 직장을 찾는 지원자들을 인터뷰할 때 점검하는 중요한 다섯 가지 동기부여 요소(경력개발, 위치, 승진, 연봉, 안정성) 중 하나다. 지원하는 회사에서 면접 볼 때 대답하기 어려운 것 중의 하나도 "원하는 연봉이 얼마입니까?" 라는 질문이다. 따라서 이러한 질문에 답변하기 위해 많은 갈등과 고민을 한다. 정확한 금액을 이야기해야 할까? 아니면 대충 범위만 말하는 것이 좋을까? 연봉에 별로 신경 쓰지 않는 것처럼 보이는 것이 좋을까? 연봉은 자신의 가치를 간접적으로 표출할 수 있는 수단이 될 수 있다. 그렇기 때문에 결코 소홀히 할 수 없는 연봉 협상... 이를 효율적으로 할 수 있는 방법을 찾지 않을 수 없다.

우선 지원 회사의 연봉 수준을 미리 검토해 봐야 한다. 연봉 협상도 일종의 게임과 같다. 상대를 알아야 승리할 수 있는 법이다. 따라서 취업하고자 하는 회사의 연봉 수준을 미리 조사해 두는 것이 좋다.

후보자가 특별한 기술이나 특수한 능력이 있는 경우를 제외하고는 대체로 회사 기준에 맞춰 책정되는 경우가 많다. 헤드헌터는 고객사 담당자로부터 연봉 수준을 알아내서 안내하며, 일반 지원자의 경우는 해당 기업에서 근무한 경험이 있는 선배나 후배를 통해 혹은 인터넷 검색 등을 통해 해당 회사에 대한 연봉 수준을 찾아볼 수 있다.

이직하려는 사람이 과거에 받았던 연봉이 낮은 경우, 협상 단계에서 주저하는 경우가 많다. 그렇다고 거짓말을 할 수는 없다. 이럴 때는 자신이 받고 있는 연봉의 실제 금액만을 생각하지 말고, 회사가 제공하는 전체 보상 프로그램을 고려할 필요가 있다. 최근에는 복지 프로그램들이 다양해서 실제 수령액이 더 높아지는 경우가 많다.

일반적으로 현재 받고 있는 연봉에 비해 지나치게 높은 수준을 요구하거나 연봉에 집착하는 경우에는, 회사 측에서 상당한 부담을 느끼게 된다.

연봉 협상에서는 대체로 회사 측이 유리한 고지를 선점하고 있지만 그렇다고 무조건 연봉을 적게 주려고만 하는 것은 아니다. 대체로 기업들은 직원들에게 정당한 보수를 지불하고 싶어 한다.

연봉 협상 때는 회사보다 먼저 연봉에 대해 말하지 않는 것이 좋다.

그러나 대부분 회사에서는 경력자를 뽑을 때 지원자가 먼저 자신의 희망연봉을 말하도록 유도한다. 이때 자신의 머릿속에 최대치와 최저치를 정해 놓을 필요는 있지만, 가능하면 회사에서 먼저 연봉을 제시하도록 분위기를 만드는 것이 좋다.

자신의 연봉을 제시할 때는, 본인이 어느 정도의 능력이 있는지 현실적으로 따져보는 것이 중요하다. 그리고 당당하면서도 전략적으로 연봉 협상에 임한다면 자신이 원하는 연봉 협상 목표에 도달할 수 있다는 것을 잊지 말아야 할 것이다.

후보자 입사가 최종 확정되었을 때, 피플케어 헤드헌터는 합격한 후보자에게 그 내용을 통지한다. 이때 헤드헌터가 기업고객을 대신해서 후보자에게 문서로 된 합격통지서(Job Offer)를 보내지는 않는다. 문서화된 합격통지서(Job Offer)를 보내는 것은 기업고객의 책임이다.

또한 후보자가 출근하여 근무를 시작할 때까지는 후보자 합격이 확실히 보장된 것은 아니다. 그래서 출근하는 날까지 후보자고객과 정기적인 연락이 필요하다.

이어서 헤드헌터는 매출보고서를 작성하여 피플케어 관리팀으로 보낸다.

피플케어 관리팀은 이 매출보고서에 기재된 후보자의 출근 날

짜에 세금계산서와 거래명세서를 기업고객에게 발송한다. 이후 기업고객 담당자와 헤드헌팅 서비스 수수료 송금 관련하여 후속 커뮤니케이션을 한다.

1. 청구에 관한 정보(Billing information)

고객사에서 구인 의뢰하는 담당자로부터 청구정보를 받는다.
고객사에 청구할 때는 다음 사항을 결정한다.

- 청구서는 어디로 보내는지? 누구 앞으로 보내는지?
  (헤드헌팅 수수료를 지급하는 특정 담당자나 부서가 있을 수 있다.)
- 기업에서 다른 특별한 조치가 필요한지?

2. 합격 후 활동

PeopleCare Korea는 구인의뢰 기업에 최고의 품질 서비스를 제공하기 위해, 합격한 임직원이 출근한 후에도 헤드헌터는 계속해서 필요한 후속 활동을 한다.

3. 첫 출근 통화(First day call)

후보자가 처음으로 출근한 날 합격한 후보자가 잘 도착해서 일을 시작했는지를 확인하기 위해 기업에 전화를 한다. 이 통화는 오전 통화이다.

이는 PeopleCare Korea가 추천 합격자와 기업에 대해 계속해서 주의를 기울이고 있다는 것을 말해준다.

근무시간이 끝나갈 때쯤 출근한 직원이 일을 잘했는지 혹은 무슨 문제가 생긴 것은 없는지를 확인하기 위해 두 번째 통화, 즉 오후 통화를 한다. 또한 기타 궁금한 점이 있는지를 물어보고 대답해주어야 한다.

- 이 통화는 채용된 임직원이 처음 출근한 날 한다.
- 채용된 임직원이 제대로 출근했는지 확인한다.
- 모든 것이 만족스러운지에 대해 확인한다.
- 후보자가 합격하여 첫 출근하는 날짜에, 피플케어 관리팀은 세금계산서와 거래명세서를 고객사에 발송하고 후속 커뮤니케이션을 한다.

업무 양식 7 매출보고서

매 출 보 고 서

Consultant 성 함					년 월 일

업 체 명 Client	업체명			대표이사		사업자등록번호	
	사업장주소					주요업종	
	인사담당		연락처		휴대폰번호		
	경리담당		연락처		인사담당 이메일 주소		

입 사 자 Candidate	성 명		성별		연 령 (출생년도)	
	근무부서		담당업무			
	근무개시일		최종직장명			
	휴대폰번호		개인 이메일			

청구액(청구율) Placement Fee	연 봉		Rate	청구액	
					VAT 별도
청 구 일 Date			결제예정일		
추 천 자 Recommendator		Invoice 전달방법 The way of DLVRY		□ Consultant 직접 전달 ■ 채용사 · 회계부서 전달	
청구서 전달처 Invoice to	■ 사업자등록증상의 주소지로 □ 사업자등록증과 전달처가 상이할 경우 :				

서치 경로	

기타사항	

Note : 1. 매출발생 이후에 세금계산서 변경될 경우 기발행 세금계산서에 대한 처리는 적자세금계산서 (마이너스세금계산서) 원칙입니다.
2. 부득이 기발행 세금계산서를 취소할 경우 매출취소보고서를 제출해주십시오.
3. 거래처측에서 발행된 세금계산서의 부가가치세 신고누락될 경우 가능한 빠른 시일 안에 관리팀에 알려주십시오.
4. 위와 같이 처리되는데 문의사항이나 어려움이 있으신 분은 관리팀으로 협조요청해 주시면 감사하겠습니다.
5. JD와 합격자 이력서 첨부하여 제출 바랍니다.

결 재	담 당	팀 장	대 표 이 사

업무 양식 8 매출취소요청서

매출 취소 요청서

Consultant 성 함	

년 월 일

업 체 명 Client	업체명		대표이사		사업자등록번호		
	사업장주소				주요업종		
	인사담당		연락처	경리담당		연락처	

입 사 자 Candidate	성 명		성별		연령 (출생년도)	
	근무부서		담당업무			
	근무개시일		최종학교명			
	휴대폰번호		개인 이메일			

청구액(청구율) Placement Fee	연 봉	Rate	청구액	
	₩0	0%	₩0	VAT 별도
청 구 일 Date				

취소사유	

Note : 1. 매출발생 이후에 세금계산서 변경될 경우 기발행 세금계산서에 대한 처리는 적자세금계산서(마이너스세금계산서) 원칙입니다.
2. 부득이 기발행 세금계산서를 취소할 경우 매출취소보고서를 제출해주십시오.
3. 거래처측에서 발행된 세금계산서의 부가가치세 신고누락될 경우 가능한 빠른 시일 안에 관리팀에 알려주십시오.
4. 위와 같이 처리되는데 문의사항이나 어려움이 있으신 분은 관리팀으로 협조요청해 주시면 감사하겠습니다.

결재	담 당	팀 장	대 표 이 사

연봉 협상 사례

중견 정보통신 기업의 마케팅 책임자로 근무하던 P씨는, 평소 이직을 꿈꾸던 회사에 합격해 출근만을 기다리고 있었다. 그런데 날벼락 같은 일이 벌어졌다. 다니던 직장에 사표까지 낸 상태에서, 입사 예정인 새 직장에서 연락이 왔다. "면접 때 밝힌 연봉수령액이 거짓이다. 그래서 합격을 취소하겠다."라는 소식이었다.

P씨가 다니던 직장에서의 연봉 인상액과 차량유지비, 휴대전화 사용료 등 추가지급분이 포함된 금액까지 말해 연봉을 책정했으나, 실제와 다르다는 설명이었다. 입사 예정의 회사에서 뒤늦게 근로소득 원천징수증 사본과 대조해 보고 연봉이 다름을 확인해, 담당 임원이 상당히 화가 난 것이다.

P씨는 "일부러 부풀린 것은 아니고, 연봉 계산방식의 차이에 따른 오해입니다."라고 해명했다. 다행히 연봉을 재조정한 뒤에 출근할 수 있게 됐다. 그는 애초 기대한 연봉보다 조금 덜 받더라도 실력을 인정받으면서 몸값을 높이겠다는 긍정적인 태도와 자신감을 보였기 때문에, 입사 예정 회사의 분위기가 누그러졌다.

헤드헌팅 성공 후, 국내기업 CEO 유의사항 조언 사례

목요일 오전 11시 10분, 다음 주 월요일부터 K그룹계열사 IT기업 사장(CEO)으로 출근하는 N 사장을 피플케어 회의실에서 만났다. 피플케어 추천으로 최종 합격한 분이다. 잠깐 미팅 후 점심식사를 할 예정이었다.

"안녕하세요? N 사장님."

"안녕하세요? 신 사장님,"

"조금 일찍 오셨네요. 오는 길은 괜찮으셨어요?"

"예, 출근 시간이 아니어서 편안하게 왔습니다."

"점심 식사하러 가기 전에, N 사장님께 말씀드리고 싶은 것이 있습니다."

"예, 말씀해주시죠."

"N 사장님처럼, 외국계 글로벌 기업에서 국내기업으로 가는 사장님들께 제가 당부 드리는 이야기가 있어요.

전문경영인 CEO가 오너(Owner)와 함께 일할 때 유의해야 할 사항입니다.

첫째는, 오너와 미팅할 때 공개석상에서 절대 오너에게 망신주지 마세요.

여러 사람 앞에서는 설사 '아니다'는 생각이 들어도, '아니다'라고 하지 마세요.

오너가 화가 나서 이렇게 말하는 경우도 있습니다.

'나중에 두고 보자. 회의 석상에서 나를 망신 줘?'

할 얘기가 있을 때는 개인 석상에서 하는 것이 좋습니다. 밥 먹을 때라든지...

둘째는, 대부분 오너는 "천천히 하자." 라고 말하지만 반드시 실적을 보게 돼 있습니다.

보통 6개월은 그냥 넘어가지만, 1년 지나면 실적을 내야 합니다. 이 문제는 아주 중요합니다.

셋째는, 자수성가한 오너는 전문경영인 CEO에 대해 끊임없이 모니터링(Monitering)합니다.

주변 사람을 동원해서 항상 모니터링하고 있으니 주의하세요.

심한 경우는, 비서에게 "요즘 N 사장, 몇 시 출근해?" 혹은 "몇 시 퇴근해?" 라고 물어보기도 합니다. 운전기사를 통해 모니터링 하는 경우도 있습니다.

N 사장님, 오너에 대한 배려, 실적, 자기 관리. 이렇게, 이제 금방 말씀드린, 이 세 가지 사항을 유의하시고 기쁘게 근무하시면 좋겠습니다."

"예, 말씀하신 사항을 유의하겠습니다. 국내 기업에서는 처음 일하기 때문에 많은 도움이 될 것 같습니다. 감사합니다."

N 사장과 회의실에서 미팅한 후, 회사 근처 식당으로 이동해서 함께 점심식사를 했다.

다음 주 월요일, N 사장은 첫 출근했다. 그리고 그 이후로도 그는 오너와 좋은 관계를 유지하면서 그 직장에서 기쁘게 일하고 있다.

성공적인 직장 생활을 하기 위해 필요한 것이 바로 '대인관계'이다.

직장 안에서 함께 일하는 동료, 부하직원 그리고 상사와의 관계 등이 모두 중요하다. 그 중에서 특히 상사와의 관계가 가장 중요하다고 할 수 있다.

왜냐하면, 기업은 사람을 통해 성과를 만들어내는 집단인데, 좋은 성과를 내기 위해서는 상사와의 좋은 관계가 필수적이기 때문이다.

기업의 모든 업무는 서로 연결되어 있다. 상사와 협의하고, 그의 지시에 따라 업무를 수행하고 평가받는다. 상사와의 관계에 따라 자신의 성과가 좌우된다.

직장에서 환영받고 성공하려면 자신의 상사도 성공하도록 해야 한다. 상사 역시 부하 직원들의 실적으로 평가받는다.

대인관계가 좋은 직장인은 누구나 함께 일하고 싶어 한다. 그렇다고 직장 안에서 대인관계를 넓히려고, 사내 정치에 휩쓸리거나 다른 자리를 기웃거려서는 안 된다.

한 눈 팔지 말고, 고객과 상사, 동료, 부하직원 모두를 위해 현재 맡은 일에 전념하면서, 올바른 대인관계를 넓히는 것이 중요하다.

직장생활 초기부터 좋은 대인관계를 형성하도록 노력하는 것이 좋다. 직장 안에서의 좋은 대인관계는 자신의 경력 발전에 큰 영향을 미칠 것이다. 좋은 대인관계를 만들고 관리하는 것은 예술처럼 멋진 일이다.

CEO가 되기 위한 최고의 덕목이 '대인 관계'이다. 대인관계를 올바로 형성하고 관리하는 능력이 뛰어나면, 기업의 CEO가 될 수 있다.

1. 90일 전화 통화

이 전화는 후보자가 성공적으로 채용된 후 보증기간 90일 지나서 근무 중인 임직원에게 한다. 이 90일 전화 통화는 인사담당자나 채용된 임직원의 상사에게도 PeopleCare Korea가 계속해서 관심을 갖고 서비스를 제공할 것임을 확인시켜 주고, Replacement 보증기간이 종료된다는 것을 알려준다.

보증기간이 180일인 경우는 180일이 지나서 전화통화를 한다.

2. 정기적인 방문

이 정기적 방문은 기업에 따라 대략 4~6주마다 한 번씩 한다.

이 정기적 방문은 기업과의 관계를 돈독하게 해주며, 고객사와의 계약을 유지하고 앞으로 계속해서 계약을 늘려갈 수 있도록 도움을 준다.

모든 방문 상황은 기업 파일에 상세하게 기록한다.

보증기간 내 후보자 퇴사는 헤드헌터에게 힘든 일이다.

조기 퇴사로 기업고객이 실망한 상태이므로 빨리 재추천, 합격시켜야만 한다는 부담감이 크기 때문이다.

심혈을 기울여 합격한 후보자가 보증기간 안에 퇴사하면 헤드헌터는 우선 맥이 빠진다.

'새로운 고객사를 개발하는 것보다, 우리의 서비스에 실망하고 떨어져나간 고객을 다시 붙잡는 것이 5배 이상 힘이 더 많이 든다.'라는 말이 있다. '있을 때 잘 해!'라는 말이 실감난다.

다른 고객사 일도 함께 진행하고 있기 때문에 더욱 힘이 드는 것이다.

성공하는 헤드헌터는 그래도 다시 시작한다. 매우 빠른 속도와 집중력으로!

재추천마저 실패해서 고객사가 완전히 실망해 나가떨어지지 않도록 최선을 다해야 한다.

기업고객과 직접 접촉해서 업무를 진행하는 헤드헌터의 일은 그 누구도 대신해 줄 수가 없다. 개인 보상체계에 바탕을 두는 헤드헌터의 일은 개인 사업을 하는 것과 같다.

사업처럼 처음에는 실패할 수도 있다. 두 번째도 실패할 수 있다.

그렇다 하더라도 끝까지 성공의 가능성을 믿고 희망을 잃지 않아야 한다.

혹독한 실패 경험이 오히려 나중에는, 충성기업고객과 검증된 후보자 데이터 및 노하우로 쌓여 헤드헌팅 업무 전반의 노력이 10분의 1로 줄어들게 만든다.

입사자 조기 퇴사를 미리 예방하는 것도 중요한 일이다.

피플케어의 억대 연봉 헤드헌터는 조기 퇴사율을 낮추기 위해, 입사 의지가 확실한 후보자를 우선적으로 추천했다. 지원할 때 입사 의지가 강한 후보자는 조기 퇴사하는 경우가 거의 없기 때문이다.

또한 회사 정보, 근무 여건, 분위기 및 직무명세 정보를 더욱 정확하고 상세하게 알려주었다. 입사할 때 기대치가 실제 근무여건보다 높아서, 입사 후에 실망하여 조기 퇴사하는 것을 방지하기 위해서였다.

피플케어의 한 헤드헌터는 후보자 근무 보증기간 안의 퇴사율(Replacement Rate)이 약 10%였다. 다음 해 5% 이하로 낮추는 것을 목표로 삼았다. 그리고 실제 5% 이하로 낮췄다.

후보자 추천 이전에 평가 및 검증에 더욱 철저를 기했기 때문에 가능한 일이다.

장기간 근무하지 않을 것 같은 후보자, 즉 조기 퇴사할 만한 후보자는 면접 등의 과정에서 미리 제외했다. 그런 검증의 철저함이 보증기간 안의 퇴사율을 절반 이하로 낮추겠다는 목표를 달성하게 만든 것이다.

헤드헌터 일은 매우 정직한 일이다. 투자한 시간과 노력만큼 정직하게 성과가 나온다.

여러 번 실패해도 '절박함'으로 다시 시도하면 언젠가는 반드시 성공한다.

피플케어의 억대 연봉 헤드헌터는 후보자 고객에게 관심을 가지고 면접 및 사후 관리를 철저히 하면서 잘 챙기고 정성을 다한다. 추천에서 떨어진 후보자들에게는 모두 개인별로 탈락 통지를 하고 사후 관리에도 정성을 다한다.

모든 사람은 누구에게나 보석같이 빛나는 숨겨진 좋은 점들이 있다.

구름에 가려진 태양이 보이지 않듯이, 이러한 좋은 점들이 보이지 않을 때가 많다.

최고의 헤드헌터는 인재 채용에 어려움을 겪고 있는 기업들의 문제점을 해결해 주고, 각 개인들에게서 저마다 가진 보석같이 빛나는 좋은 자질들을 발견해 그들에게 적합한 일자리를 연결해 주는, 참으로 보람 있는 일을 하는 사람이다.

성공적인 사후 관리 사례

지난 가을 어느 날, 피플케어 본사 대표 전화 02-552-2367로 전화 한 통이 걸려왔다.

"안녕하세요? 피플케어입니다. 무엇을 도와드릴까요?"

"안녕하세요? P 전무님 계세요?"

"예, P 전무님은 지금 외근 중입니다. 전하실 말씀 있으세요?"

"네, P 전무님이 피플케어에 그대로 근무하는군요. … 예전에 거래했던 J 이사인데, P 전무님이 회사에 돌아오면 저에게 전화해 달라고 전해주세요. 제 전화번호는 010-0000-0000입니다."

"예, 전달하겠습니다."

피플케어 P 전무가 외근 후, 오후 4시경 회사로 돌아와 전화메시지 메모를 전달받았다.

메모에 있는 J 이사에게 전화했다.

"안녕하세요? J 입니다."

"안녕하세요? J 이사님, 피플케어 P 전무입니다. 정말 반가워요."

"예, P 전무님, 오랜만입니다."

"네, 몇 년 만에 전화 주셔서 고맙습니다. 몇 년 전 이직하셔서 해외에서 근무하신 것으로 알고 있는데, 요즘은 어떻게 지내세요?"

"예, 근래 귀국해서, 지금은 외국계 H기업의 인사담당 이사로 근무하고 있습니다."

“예, 그러시군요.”

“이번에 H기업에서 부사장 채용 건이 있어서 연락했어요. 전 직장에 있을 때, P 전무님이 워낙 헤드헌팅 서비스를 잘 하고, 후보자 관리도 잘 했잖아요. 그 기억이 나서 피플케어 홈페이지를 찾아보고 연락했더니, 아직 그대로 근무한다는 이야기를 듣고 메시지를 남겼던 겁니다.”

“J 이사님, 연락주셔서 고맙습니다. 편안한 시간에 회사로 한 번 찾아뵙고, 인사도 드리고 부사장 채용에 대한 상세한 설명도 듣고 싶어요.”

“네, 그러세요.”

“J 이사님, 내일 오전 10시 30분이나, 혹은 오후 4시 어떠세요?”

“내일 오전 10시 30분이 좋겠어요.”

“예, J 이사님, 그러면 내일 오전 10시 30분에 H기업으로 찾아뵙겠습니다. 감사합니다.”

피플케어 P 전무는 외국계 H기업 J 인사담당 이사와의 전화 통화를 마치고, 몇 년 만에 다시 본인을 찾아 구인의뢰한 것이 너무 기뻤다.

다음날 오전 10시 30분 P 전무는 H기업 회의실에서 J 이사를 만나, ‘부사장’ 구인요청내역을 받고 상세한 설명을 들었다.

이렇게 피플케어의 헤드헌팅 서비스에 만족한 인사담당 임원이 다른 직장으로 이직해서 다시 구인요청을 하거나, 때로는 다른 기업고객을 소개해 주는 경우가 많이 있다.

최고의 헤드헌터는 구인 요청한 기업고객에 최고의 헤드헌팅 서비스를 제공한다.

합격자가 출근한 후에도 최고의 헤드헌터는 고객 만족을 위한 필요한 활동을 계속적으로 해나간다. 최고의 헤드헌터는 최고의 헤드헌팅 서비스를 제공함으로써 고객 감동을 실현하고, 문제가 생겼을 때는 이를 신속히 해결하기 위해 지속적으로 관련 정보를 수집하고 청취한다.

부록

헤드헌팅의 이해

헤드헌팅의 정의

헤드헌팅이란 기업의 최고경영자, 임원, 기술자 등 고급전문인력의 재취업이나 스카우트를 중개해 주는 일이다.

이러한 고급전문인력을 필요로 하는 업체에 적합한 후보자를 소개하는 일을 하는 회사를 '서치펌(Search firm)'이라 하고, 고객으로부터 의뢰를 받아 그에 적합한 후보자를 발굴, 선별, 평가하여 추천하는 일을 하는 일종의 컨설턴트를 '헤드헌터(Headhunter)'라 한다.

헤드헌터의 업무내용

- Consultant or Senior Consultant : Client 영업 및 마케팅 / Client에 후보자 추천
- Researcher or Junior Consultant : Candidate 발굴 및 관리

수수료(Fee)

- 후보자가 받게 될 연봉의 20% 내지 30%를 Client로부터 일시불로 수령

서치펌의 분류

- 계약방식 : Contingency Search Firm(성공불 계약) / Retainer Search Firm(선수금 계약)
- 대상후보 : Executive Search / Middle Search / Low Search
- 운영주체 : Domestic / Multi National Search Firm

유사업종 비교

- Search Firm vs 유료직업소개소
- Search Firm vs 인재파견회사
- Search Firm vs On-line Recruiting Site

헤드헌팅 사업의 특성

- Off-line 상의 틈새 시장에 대한 맞춤 서비스로서 시장진입 장벽이 거의 없다.
- 소수 정예 컨설턴트들의 역량에 대한 회사의 의존도가 높으며, 구성원의 이직이 비교적 잦다.
- 급여체계에 있어서 실적급제의 비중이 높다.
- 온라인 리크루팅 사이트와 상호 보완적인 업무 제휴의 추세에 있다.
- 컨설턴트의 적극적인 프로정신과 동시에 투철한 윤리의식이 필수적이다.

향후 시장전망

- 직업관의 변화
- 기업채용관행의 변화 : 인재중시 경향, 경력직 선호, 상시 채용 정착 등
- 헤드헌팅의 보편화 추세
- AP지역의 한국 위상 강화

헤드헌터의 자격요건

- 적극적이며, 진취적 성격 / 타인에 대한 관심과 배려
- 다양한 업무경험
- 철저한 자기관리
- Communication Skill / 외국어 구사능력
- 비밀보장 및 엄격한 윤리의식

※ 결론은 자세(Attitude)와 습관(Habit)이다.

헤드헌팅 성공사례 요인

- 회사 및 직무에 대한 정보 파악 잘했음
- 고객사의 채용의지 강함
- 현실적인 직무와 진행 과정상에서 직무 변경이 없음
- 고객사와의 커뮤니케이션 원활과 신속한 후보 추천
- 고객사와 후보자 간의 면접일 혹은 연봉 등 조정 성공
- 헤드헌터로서 시간과 노력의 집중 및 배분의 균형
- 적절한 컨설팅을 겸비한 중재자로서의 역할을 잘했음
- 후보자의 경력 및 자질의 검증
- 사후조치 잘함
- 계약조건에 대한 사전 인지

억대 연봉 헤드헌터의 정석

헤드헌팅 9단계 비법

저　　자　신중진

발 행 처　㈜피플케어 코리아
출판등록　제2019-000159호
주　　소　서울특별시 강남구 영동대로 511, 트레이드타워 27층, 33층
우편번호 06164
전　　화　02) 552-2367
팩　　스　02) 552-1984
홈페이지　http://www.peoplecare.co.kr
이 메 일　info@peoplecare.co.kr

초판 1쇄 발행　2022년 8월 22일
초판 2쇄 발행　2024년 5월 1일

정 가　15,000원
ISBN　979-11-966603-2-1 03320

잘못된 책은 구입하신 서점에서 바꿔드립니다.